COMIDA SAUDÁVEL

Clássicos para a família

JAMIE OLIVER

GLOBO estilo

OUTROS TÍTULOS DE JAMIE OLIVER
JÁ PUBLICADOS NO BRASIL
PELA GLOBO LIVROS

O chef sem mistérios *2005*

O retorno do chef sem mistérios *2006*

A Itália de Jamie *2007*

Jamie em casa *2008*

Revolução na cozinha *2009*

A América de Jamie Oliver *2010*

Jamie viaja *2011*

30 minutos e pronto *2012*

15 minutos e pronto *2013*

Economize com Jamie *2014*

Comida caseira *2015*

FOTOS DOS PRATOS
Jamie Oliver

DEMAIS FOTOS
Paul Stuart

PROJETO GRÁFICO
Superfantastic
wearesuperfantastic.com

Para a minha adorável esposa Jools,

que faz de tudo para juntar a família Oliver,
apesar da loucura – na maior parte do tempo!

SUMÁRIO

FÁCEIS, NUTRITIVOS
E MUITO SABOROSOS

Ao longo das páginas deste livro apresento exatamente o que vocês me disseram que esperavam encontrar em um livro de receitas saudáveis para toda a família. Avaliei uma boa quantidade de pratos clássicos de *comfort food* (comida reconfortante, aquela que alimenta e dá prazer) e os grandes favoritos das famílias, e os cozinhei, adaptei, reescrevi e testei para ter certeza de que eles se encaixariam perfeitamente na minha filosofia de comida saudável. O que isso significa? Bem, garanto que, além de proporcionar refeições deliciosas e nutritivas que satisfarão a todos, você pode ter a certeza de que as receitas que preparei são totalmente balanceadas, e farão as pessoas se sentirem energizadas, restauradas, renovadas.

A palavra "família" significa algo diferente para cada um, especialmente quando falamos de refeições. Para mim, sempre lembra comida gostosa, reconfortante e, de preferência, feita para ser compartilhada. Quero, então, que você aprecie uma ótima comida e se sinta bem alimentado, quer esteja comendo sozinho ou com a sua turma. Trago várias ideias saborosas para o Café da Manhã com receitas de menos de 400 calorias, assim como um capítulo extra de Receitas para Estocar - sugestões que você pode preparar com antecedência para criar com facilidade refeições de última hora. Todos os outros capítulos - das Receitas Rápidas às Massas & Risotos, ou dos Pratos de Forno aos Curries & Ensopados - trazem sugestões que servem para o almoço ou para o jantar. Todas essas receitas têm uma média de 600 calorias, portanto, são suficientes para alimentar bem (veja página 244). Se conseguir preparar esses pratos três ou quatro vezes na semana, você obterá um impacto positivo na sua saúde. Na página de cada receita há informações nutricionais relevantes, e em todas as refeições, almoço e jantar, incluí pelo menos duas porções de legumes, verduras ou frutas por prato.

Eu mesmo fiz todas as fotografias dos pratos, pois isso me possibilitou desenvolver as receitas com toda a segurança, testar e aperfeiçoar os ingredientes, os métodos e as técnicas para chegar ao resultado desejado. Você pode contar ainda com o auxílio de uma importante seção com informações sobre saúde e bem-estar no final do livro. Eu quero que *Comida saudável - Clássicos para a Família* ofereça tudo o que você e sua família precisam para ter a melhor alimentação possível, que os torne mais saudáveis e mais felizes.

CAFÉ DA MANHÃ

Comece o dia da maneira correta, abastecendo o seu corpo para que você possa dar o melhor de si

MINGAU DE CHOCOLATE COM IOGURTE GREGO & FRUTAS FRESCAS

— O cacau em pó de boa qualidade confere a este mingau uma sensação prazerosa sem, todavia, adicionar todo aquele açúcar e a gordura que ele teria se usássemos chocolate em tablete. —

RENDE 12 PORÇÕES
20 MINUTOS

200 g de avelã branqueada

200 g de tâmara Medjool

400 g de aveia em flocos médios

2 colheres (chá) de essência de baunilha

3 colheres (sopa) cheias de cacau em pó

1 laranja

PARA CADA PORÇÃO

200 ml de água de coco

1 colher (sopa) cheia de iogurte grego

80 g de frutas frescas, como framboesa, amora, banana fatiada, maçã e pera raladas, gomos de laranja

opcional: 1 pitada de canela em pó ou de cacau em pó

Torre a avelã numa frigideira, em fogo médio, mexendo frequentemente, até que fique dourada. Transfira para o processador. Elimine o caroço das tâmaras e coloque-as no processador, juntamente com metade dos flocos de aveia, a essência de baunilha e o cacau em pó. Adicione também a casca da laranja ralada e ligue o aparelho no modo pulsar até obter uma mistura fina. Junte à aveia restante, mexa bem e passe para um pote com fecho hermético. A mistura está pronta para ser usada.

Para preparar cada porção, coloque 65 g dessa mistura numa panela, junte a água de coco e leve ao fogo médio-baixo para cozinhar por 3 minutos ou até que fique com a consistência que você gosta. Mexa sem parar e, se necessário, adicione mais um pouco de água para o mingau não ficar muito seco. Sirva cada porção com uma colherada de iogurte grego e 80 g de frutas frescas. Se gostar, pode polvilhar 1 pitada de canela ou de cacau em pó. Se for cozinhar mais de uma porção por vez, lembre-se de aumentar o tempo de cozimento. Mingau de chocolate é uma delícia!

Deixe pronto

Prepare a mistura seca em maior quantidade e conserve-a em lugar fresco e seco por até 2 semanas para que o preparo do seu café da manhã seja super-rápido!

CALORIAS	GORDURA	G. SATURADA	PROTEÍNA	CARBOIDRATO	AÇÚCAR	SAL	FIBRA	1 PORÇÃO LEG., VERDURAS & FRUTAS
356 kcal	15,9 g	2,9 g	11,3 g	45,2 g	21,2 g	0,2 g	6,3 g	

OVOS COZIDOS: 4 RECEITAS DELICIOSAS & BALANCEADAS

Comer ovos é uma maneira super-fácil de ingerir mais nutrientes – eles são ricos em proteínas de boa qualidade, além de conter uma vasta gama de vitaminas e sais minerais.

TODAS ESTAS RECEITAS SERVEM 1 PORÇÃO

À MODA INGLESA

Lave e cozinhe **1 ovo grande** numa panela com água fervente, em fogo médio-forte, por 5 ½ minutos (ovo mole). Branqueie **150 g de aspargo verde grande**, já limpo. Enquanto isso, torre **1 fatia de pão integral (50 g)** e corte-a em tiras. Escorra os aspargos e besunte-os com **1 colher (chá) de cream cheese light**; em seguida, arrume-os sobre o pão e polvilhe-os com **1 pitada de queijo parmesão** ralado. Posicione o ovo no porta-ovo e corte a parte superior.

À MODA INDIANA

Lave e cozinhe **1 ovo grande** numa panela com água fervente, em fogo médio-forte, por 5 ½ minutos (ovo mole). Enquanto isso, passe **1 colher (chá) de pasta de curry jalfrezi** sobre **1 pão chapatis integral**, espalhe por cima **1 pitada de semente de gergelim** e torre-o dos dois lados numa frigideira sem gordura. Corte em triângulos. Lave **80 g de cenoura pequena** e tempere com **suco de limão**. Sirva com **1 colher (sopa) de iogurte natural** e **molho de pimenta** a gosto. Posicione o ovo no porta-ovo e corte a parte superior.

À MODA MEXICANA

Cozinhe **1 ovo grande** numa panela com água fervente, em fogo médio-forte, por 5 ½ minutos (ovo mole). Enquanto isso, corte **¼ de um avocado maduro** em cubos e **75 g de tomate-cereja maduro** em gomos e tempere com **suco de limão** e **folhas de coentro**. Torre **1 tortilha de milho** cortada em triângulos e distribua por cima o avocado, o tomate e **1 colher (chá) de queijo cottage**. Termine com gotas de **molho de pimenta**. Posicione o ovo no porta-ovo e corte a parte superior.

À MODA ESPANHOLA

Lave e cozinhe **1 ovo grande** numa panela com água fervente, em fogo médio-forte, por 5 ½ minutos (ovo mole). Enquanto isso, torre **1 fatia de pão integral (50 g)** e esfregue **½ dente de alho** em só um lado do pão. Espalhe por cima **3 tomates-cereja maduros**, cortados ao meio, e polvilhe **1 pitada de orégano seco** e **5 g de queijo Manchego** ralado fino. Torre o pão numa frigideira, o lado com o queijo para baixo. Toste junto **1 pimentão vermelho, grande e sem pele**. Posicione o ovo no porta-ovo e corte a parte superior.

CALORIAS	GORDURA	G. SATURADA	PROTEÍNA	CARBOIDRATO	AÇÚCAR	SAL	FIBRA	1 PORÇÃO LEG., VERDURAS & FRUTAS
269 kcal	11,9 g	3,6 g	14,7 g	25,4 g	5,4 g	1,1 g	4,4 g	

OS VALORES AQUI INDICADOS SÃO UMA MÉDIA DAS QUATRO RECEITAS ACIMA.

DONUTS COM MIRTILO, MEL E IOGURTE

O mirtilo, com sua cor vibrante, trás uma nota de alegria a essas saborosas rosquinhas caseiras, além de fornecer vitamina C em abundância, que facilita a absorção do ferro.

SERVE 4

35 MINUTOS

100 g de tâmara Medjool

100 g de farinha de trigo integral

100 g de farinha de trigo, mais o necessário para polvilhar

1 colher (chá) de fermento em pó

30 g de amêndoa moída

1 ovo grande

1 colher (sopa) de azeite de oliva

320 g de mirtilo

1 colher (sopa) de mel

4 colheres (sopa) de iogurte grego

opcional: canela em pó

Elimine o caroço das tâmaras e coloque a polpa no processador com os dois tipos de farinha, o fermento, a amêndoa moída, o ovo, uma pitadinha de sal e 70 ml de água. Ligue rapidamente o aparelho, somente para formar uma bola e, em seguida, amasse-a por 2 minutos sobre uma superfície de trabalho limpa, ligeiramente polvilhada com farinha de trigo. Abra a massa com 1,5 cm de espessura e, em seguida, recorte 2 discos com 8 cm de diâmetro, usando um cortador de biscoitos ou a boca de uma caneca. Com um cortador menor, de 3 cm, recorte um disco no centro das 2 rosquinhas. Junte os retalhos, inclusive os discos pequenos, abra novamente a massa e corte mais 2 rosquinhas, da mesma maneira que as anteriores, obtendo assim os 4 donuts.

Coloque os donuts por 5 minutos em água fervente, em fogo baixo, virando-os com cuidado na metade do cozimento. Coloque o azeite numa frigideira e leve ao fogo médio. Escorra bem a água dos donuts e frite-os por 10 minutos na frigideira, até dourarem e ficarem crocantes dos dois lados. Quando estiverem dourados, adicione os mirtilos e o mel. Agite delicadamente a frigideira, mantendo-a sobre a chama por uns 2 minutos e virando os donuts com a ajuda de uma colher, para que fiquem bem envolvidos na calda produzida pela fruta e o mel. Quando ficarem lustrosos e com uma bonita cor púrpura, despeje por cima o iogurte, sem misturá-lo, e divida os donuts entre 4 pratos. Para arrematar, 1 pitada de canela cai muito bem!

CALORIAS	GORDURA	G. SATURADA	PROTEÍNA	CARBOIDRATO	AÇÚCAR	SAL	FIBRA	1 PORÇÃO LEG., VERDURAS & FRUTAS
361 kcal	11,3 g	2,3 g	12,5 g	55,6 g	21,4 g	0,4 g	4,8 g	

PÃO TORRADO COM ESPINAFRE, OVO, TOMATINHO E MOLHO DE PIMENTA

O espinafre é um alimento maravilhoso, riquíssimo em vitamina K, imprescindível para manter os nossos ossos fortes e saudáveis. O Popeye sabia muito bem o que estava fazendo!

SERVE 2

25 MINUTOS

160 g de tomate-cereja, em rama

4 fatias finas de pão integral (35 g cada)

3 ovos grandes

1 fatia de lombo defumado (15 g)

80 g de folhas de espinafre

2 colheres (sopa) de leite semidesnatado

1 colher (sopa) bem cheia de queijo cottage

azeite de oliva extravirgem

opcional: molho de pimenta

Preaqueça o grill na temperatura máxima. Numa assadeira grande, arrume as ramas de tomatinhos, furando cada um deles com a ponta de uma faca. Grelhe-os por 4 minutos e adicione as fatias de pão para torrá-las dos dois lados. Enquanto isso, coloque 1 dos ovos no liquidificador e junte o lombo, o espinafre, uma boa pitada de pimenta-do-reino e o leite. Bata até que fique homogêneo e distribua essa mistura verde brilhante sobre as fatias de pão torrado, na assadeira, espalhando-a bem até as bordas. Divida também o queijo cottage entre elas, distribuindo-o uniformemente sobre as 4 fatias. Recoloque a assadeira no grill e grelhe por mais 4 minutos ou até que as bordas do pão comecem a escurecer.

Enquanto isso, frite os 2 ovos restantes numa frigideira antiaderente, sem usar nenhuma gordura e tampando a frigideira para que a parte superior dos ovos fique branca. Mantenha a chama baixa e cozinhe até que os ovos adquiram a textura que mais lhe agradar. Divida os vários ingredientes entre dois pratos e, se gostar – como eu gosto –, pingue um pouco de azeite sobre eles, além de um pouco de molho de pimenta para dar mais vida ao prato: amasse ligeiramente os tomatinhos, separe um pedaço do pão, molhe-o na gema mole e... devore!

CALORIAS	GORDURA	G. SATURADA	PROTEÍNA	CARBOIDRATO	AÇÚCAR	SAL	FIBRA	1 PORÇÃO LEG., VERDURAS & FRUTAS
356 kcal	14,6 g	4 g	23,6 g	31,8 g	6,4 g	1,4 g	6,4 g	

4 SMOOTHIES SAUDÁVEIS E BALANCEADOS PARA TOMAR DE MANHÃ

Estes smoothies saborosos nos proporcionam um café da manhã balanceado. Além da fibra da aveia, cada combinação nos fornece também uma porção de fruta ou legume.

TODOS ESTES SMOOTHIES SERVEM 1 PORÇÃO

SUPERPÚRPURA

Coloque no liquidificador o suco de **1 laranja, ½ pera madura, 80 g de amora fresca ou congelada, 30 g de aveia em flocos médios, 200 ml de leite de amêndoa, 1 colher (sopa) de semente de girassol, 1 pitada de semente de erva-doce** e um punhado de cubos de gelo. Bata até que fique liso, adicionando água aos poucos para ficar fluido o suficiente para ser bebido. Despeje numa garrafa ou num copo grande e aprecie.

SUPERCREMOSO

Coloque no liquidificador **1 banana madura** descascada **1 fatia de pão integral macio (50 g), 100 ml de leite semidesnatado, 1 colher (chá) bem cheia de manteiga de amendoim, ½ colher (chá) de canela em pó** e um punhado de cubos de gelo. Bata até que fique liso, adicionando água aos poucos para ficar fluido o suficiente para ser bebido. Despeje numa garrafa ou num copo grande e aprecie. Se quiser, polvilhe com mais 1 pitada de canela.

SUPERCHOC

Coloque no liquidificador **½ avocado maduro**, descascado, **30 g de aveia em flocos médios, 100 ml de leite semidesnatado, 30 g de tâmara Medjool** (sem o caroço), **1 colher (chá) bem cheia de cacau em pó** e **1 colher (chá) bem cheia de farinha de amêndoa**, além de um punhado de cubos de gelo. Bata até que fique liso, adicionando água aos poucos para ficar fluido o suficiente para ser bebido. Despeje num copo e aprecie.

SUPERVERDE

Coloque no liquidificador **½ banana madura** descascada, **½ maçã, 40 g de folhas novas de espinafre, 30 g de aveia em flocos médios, 150 ml de leite semidesnatado, 1 colher (sopa) de manteiga de amêndoa** (ou outra manteiga de oleaginosa de sua preferência) e um punhado de cubos de gelo. Bata até que fique liso, adicionando água aos poucos para ficar fluido o suficiente para ser bebido. Despeje numa garrafa ou num copo grande e aprecie.

CALORIAS	GORDURA	G. SATURADA	PROTEÍNA	CARBOIDRATO	AÇÚCAR	SAL	FIBRA	1 PORÇÃO LEG., VERDURAS & FRUTAS
325 kcal	12,5 g	2,7 g	11,4 g	43,9 g	21,8 g	0,3 g	5,4 g	

OS VALORES AQUI INDICADOS SÃO UMA MÉDIA DAS QUATRO RECEITAS ACIMA.

PANQUECAS DE TRIGO INTEGRAL E MORANGO COM XAROPE DE MAPLE E IOGURTE GREGO

Estas panquecas são extremamente saborosas e perfeitas para os veganos. São ricas em manganês, que precisamos para conservar o nosso tecido conjuntivo forte e saudável.

SERVE 4

30 MINUTOS

300 ml de leite de amêndoa

1 colher (chá) de essência de baunilha

75 g de amêndoa sem pele

100 g de trigo integral

100 g de farinha de arroz

2 colheres (chá) rasas de fermento em pó

1 banana madura

azeite de oliva

350 g de frutas vermelhas da época: morango, amora, framboesa ou mirtilo

1 ramo de alecrim fresco

xarope de maple

4 colheres (sopa) de iogurte grego

No liquidificador, coloque o leite, a essência de baunilha, a amêndoa, o trigo integral, a farinha de arroz e o fermento. Descasque e junte a banana e, em seguida, acione o aparelho até obter uma mistura lisa. Coloque uma frigideira grande antiaderente em fogo médio e, quando estiver quente, use 1 colher (chá) de azeite e 3 colheres (sopa) da mistura do liquidificador para cada panqueca. Distribua por cima algumas fatias de morango, pressionando-as delicadamente com uma espátula larga, e frite por 4 minutos ou até a parte de baixo ficar dourada. Vire a panqueca e pressione-a delicadamente, deixando cozinhar por mais 2 minutos ou até que fique dourada também desse lado (não se preocupe: a primeira panqueca costuma não sair perfeita). Transfira a panqueca para um prato com a fruta voltada para cima. Limpe a frigideira com toalhas de papel e repita a operação.

Com o ramo de alecrim bem molhado no xarope de maple, pincele a superfície das panquecas quentes. Coloque por cima uma colher de iogurte e, ao lado, arrume mais frutas vermelhas frescas.

Deixe pronto

Essa massa pode ser preparada na noite anterior e guardada na geladeira. Se não precisar preparar panquecas para quatro, não haverá problema em conservar a massa na geladeira por mais uns dois dias.

CALORIAS	GORDURA	G. SATURADA	PROTEÍNA	CARBOIDRATO	AÇÚCAR	SAL	FIBRA	1 PORÇÃO LEG., VERDURAS & FRUTAS
398 kcal	15,7 g	2,4 g	12,3 g	53,9 g	15,9 g	0,7 g	3,5 g	

OVOS POCHÉS MÁGICOS
2 SUGESTÕES

As brilhantes gemas amarelas são ricas em vitamina D, que nos faz falta principalmente no inverno, quando temos menos sol, e que é tão importante para os nossos músculos.

CADA RECEITA SERVE 1 PORÇÃO

COGUMELO TRUFADO

Besunte com algumas gotas de **óleo trufado** o fundo e os lados de uma tigelinha refratária e forre o fundo com **1 ou 2 fatias finas de cogumelo portobello ou shiitake.** Quebre **1 ovo grande** – fresquíssimo! – por cima. Cubra a tigela com película transparente e cozinhe o ovo em banho-maria por 6 a 7 minutos, até que fique quase cozido, mas com a gema ainda mole, ou por mais tempo, dependendo do seu gosto. Enquanto o ovo cozinha, apoie uma peneira com **80 g de folhas de espinafre** sobre a panela e cozinhe até murchar. Ao mesmo tempo, torre **1 fatia de pão integral com sementes (50 g)** e, em seguida, besunte-a com **1 colher (chá) bem cheia de cream cheese.** Esprema o excesso de líquido do espinafre e arrume-o sobre a torrada. Retire o ovo com o cogumelo da tigelinha e apoie orgulhosamente sobre o espinafre. Tempere a gosto e... ataque!

SALMÃO DEFUMADO E CEBOLINHA-FRANCESA

Besunte com **azeite de oliva extravirgem** o fundo e os lados de uma tigelinha refratária. Pique finamente um pouco de **cebolinha-francesa** e salpique no fundo da tigelinha. Sobre a cebolinha-francesa arrume **10 g de salmão defumado**, cortado em fatia fina. Quebre **1 ovo grande** – fresquíssimo! – por cima. Cubra a tigela com película transparente e cozinhe o ovo em banho-maria por 6 a 7 minutos, até que fique quase cozido, mas com a gema ainda mole, ou por mais tempo, dependendo do seu gosto. Enquanto o ovo cozinha, apoie uma peneira com **80 g de folhas de espinafre** sobre a panela e cozinhe até murchar. Ao mesmo tempo, torre **1 fatia de pão integral com sementes (50 g)** e, em seguida, besunte-a com **1 colher (chá) bem cheia de cream cheese.** Esprema o excesso de líquido do espinafre e arrume-o sobre a torrada. Retire o ovo com o salmão da tigelinha e apoie orgulhosamente sobre o espinafre. Sirva com **um gomo de limão** para espremer por cima, tempere a gosto e... ataque.

CALORIAS	GORDURA	G. SATURADA	PROTEÍNA	CARBOIDRATO	AÇÚCAR	SAL	FIBRA	1 PORÇÃO LEG., VERDURAS & FRUTAS
272 kcal	13,5 g	4 g	16,5 g	20,5 g	2,7 g	1,2 g	5 g	

ESSES VALORES SÃO UMA MÉDIA DAS DUAS RECEITAS ACIMA.

PANQUECAS DE ABACAXI COM IOGURTE, COCO & CASTANHA

O abacaxi bem madurinho, doce e suculento, é extremamente rico em manganês, um mineral muito importante para manter o nosso metabolismo ativo e saudável.

SERVE 4
35 MINUTOS

40 g de castanha de caju crua

2 colheres (sopa) de coco ralado seco

1 abacaxi maduro

4 vagens de cardamomo

150 g de farinha de trigo integral

300 ml de leite semidesnatado

1 ovo grande

1 colher (chá) de essência de baunilha

1 pitada de canela em pó

azeite de oliva

4 colheres (sopa) de iogurte natural

1 limão-taiti

opcional: mel de manuka

Em fogo médio, torre a castanha de caju numa frigideira antiaderente até que fique ligeiramente dourada, junte o coco e torre somente por mais 30 segundos. Coloque num pilão e amasse levemente. Elimine as extremidades do abacaxi, descasque-o, corte-o em quartos, pelo comprimento, e elimine a parte dura central. Corte os gomos em fatias de 1 cm, coloque na frigideira antiaderente seca e leve ao fogo médio-alto por 5 a 10 minutos, até que fique caramelizado, agitando a frigideira frequentemente. Transfira para um prato morno.

Enquanto isso, abra as vagens de cardamomo, retirando as sementes e coloque-as no liquidificador com a farinha, o leite, o ovo, a essência de baunilha, a canela e 1 pitada de sal. Bata até que fique liso. Lave a frigideira, adicione algumas gotas de azeite e espalhe-o com papel-toalha. Leve ao fogo médio e despeje nela massa suficiente para cobrir o fundo fina e uniformemente. Cozinhe a panqueca até que fique dourada dos dois lados e passe para um prato. Repita o processo e coloque uma panqueca sobre a outra, mantendo-as cobertas por um guardanapo para que não esfriem.

Monte pratos individuais ou faça um grande para pôr no centro da mesa e compartilhar. Parta as panquecas com as mãos e dobre-as ao acaso, no prato, alternando com o abacaxi caramelado, colheradas de iogurte e salpicando de castanha e coco. Repita as camadas até terminar os ingredientes. Por último, espalhe por cima casca de limão ralada. Se você gostar, fica melhor ainda regado com mel.

CALORIAS	GORDURA	G. SATURADA	PROTEÍNA	CARBOIDRATO	AÇÚCAR	SAL	FIBRA	1 PORÇÃO LEG., VERDURAS & FRUTAS
309 kcal	10,9 g	3,9 g	12,5 g	43,4 g	18,8 g	0,3 g	3,7 g	

FRITTATA COM BACON, COGUMELO, BATATA & TOMATE

Os ovos têm a função de agregar os ingredientes deste típico café da manhã inglês. São muito ricos em proteínas, indispensáveis para o crescimento e a reparação das células.

SERVE 4
35 MINUTOS

250 g de cogumelo-de-paris

4 tomates médios, maduros

2 fatias de pão integral (50 g cada)

200 g de batata

2 fatias de bacon magro

2 ramos de alecrim fresco

2 colheres (chá) de azeite de oliva

80 g de folhas novas de espinafre

6 ovos grandes

10 g de queijo parmesão ralado

Preaqueça o grill em temperatura alta. Limpe com um pano úmido os cogumelos e os tomates e corte-os ao meio. Arrume-os em uma assadeira com o lado cortado virado para cima, e grelhe de 6 a 8 minutos para que fiquem dourados apenas em cima - fique de olho (grelhar o cogumelo sem gordura - a seco - traz à tona seu incrível aroma de nozes). Aproveite para torrar também o pão e, depois, retire tudo do grill.

Enquanto isso, rale as batatas no ralador grosso, no sentido do comprimento, e polvilhe com um pouco de sal marinho para que dessorem. Pique fino o bacon e retire as folhinhas dos ramos de alecrim. Pegue uma frigideira antiaderente de 26 cm de diâmetro, que possa ir ao fogo e ao forno, e coloque-a sobre fogo médio com o azeite. Junte o bacon e o alecrim e frite por 2 minutos, até dourar. Esprema bem a batata, adicione à frigideira e continue fritando e mexendo por mais 5 minutos, até que fique dourada.

Coloque sobre a batata o espinafre, as fatias de pão torrado partidas em pedaços e, por fim, acrescente o cogumelo e o tomate. Misture os ingredientes delicadamente, usando um pegador. Enquanto isso, bata os ovos numa tigela grande com o parmesão e 1 pitada de pimenta-do-reino preta. Quando o espinafre estiver murcho, despeje todo o conteúdo da frigideira na tigela e misture com o ovo batido. Arrume de volta na frigideira e coloque-a debaixo do grill por 5 minutos ou até que a frittata fique cozida a seu gosto. Deslize-a para uma tábua, corte em pedaços e sirva.

CALORIAS	GORDURA	G. SATURADA	PROTEÍNA	CARBOIDRATO	AÇÚCAR	SAL	FIBRA	1 PORÇÃO LEG., VERDURAS & FRUTAS
291 kcal	14,8 g	4 g	18,6 g	21,3 g	3,9 g	1,4 g	4,1 g	

FRUTAS ASSADAS COM CRUMBLE DE AVEIA, COCO & TÂMARA

Dois dos ingredientes que compõem o crumble – a poderosa aveia e a doce tâmara – são muito ricos em fibra, o que ajuda a manter o nosso intestino regulado, saudável e... feliz!

SERVE 12

55 MINUTOS

6 laranjas

1 colher (sopa) de vinagre balsâmico

1 vagem de baunilha

150 g de morango maduro

200 g de tâmara Medjool

360 g de aveia em flocos médios

80 g de coco ralado seco

1 colher (sopa) de azeite de oliva extravirgem

2 kg de frutas frescas variadas (ameixa, pêssego, damasco, cereja)

POR PORÇÃO

1 colher (sopa) de iogurte natural

Preaqueça o forno a 200 °C. Numa assadeira, misture o suco das laranjas com o vinagre balsâmico. Corte a vagem da baunilha pelo comprimento, raspe as sementes e coloque a vagem e as sementes na assadeira. Rale os morangos, junte aos ingredientes da assadeira e misture bem. Leve ao forno para aquecer enquanto você prepara o crumble e as frutas.

Para o crumble, elimine o caroço das tâmaras e coloque a polpa no processador, junte a aveia, o coco ralado, o azeite e 130 ml de água. Bata pulsando algumas vezes para obter uma espécie de farofa grossa. Espalhe uniformemente em uma assadeira de 30 cm × 40 cm. Lave as frutas frescas, elimine os caroços e corte-as ao meio ou em quartos, dependendo do tamanho. Tire a assadeira com o delicioso suco do forno, misture delicadamente com as frutas frescas e leve de volta ao forno, na prateleira mais alta. Posicione a assadeira com o crumble na prateleira imediatamente inferior e asse por 45 minutos ou até as frutas ficarem macias e pegajosas e o crumble, dourado. Durante o cozimento, mexa o crumble de vez em quando para quebrar os grumos maiores.

Separe as porções enquanto estiver morno, servindo o iogurte sobre cada uma. Depois que esfriar, guarde o crumble em temperatura ambiente, num pote com tampa hermética, e vá usando conforme precisar. As frutas devem ser guardadas na geladeira, onde se conservam por até 5 dias.

CALORIAS	GORDURA	G. SATURADA	PROTEÍNA	CARBOIDRATO	AÇÚCAR	SAL	FIBRA	2 PORÇÕES LEG., VERDURAS & FRUTAS
218 kcal	5,6 g	2,6 g	4,8 g	37,2 g	22,8 g	0 g	3,6 g	

PANQUECAS CROCANTES DE ARROZ COM CURRY DE GRÃO-DE-BICO, OVO & MOLHO DE COCO

Este café da manhã é valorizado pelo sabor e pela textura do grão-de-bico, rico em ácido fólico, que é uma vitamina do complexo B indispensável para o bom funcionamento da mente!

SERVE 4
30 MINUTOS

½ envelope de fermento biológico seco (de 7 g)

125 g de farinha de arroz

azeite de oliva

1 colher (chá) cheia de pasta de curry jalfrezi (veja página 236)

½ a 1 pimenta-vermelha a gosto

1 maço de cebolinha-verde

330 g de grão-de-bico cozido

100 g de folhas de espinafre

1 pedaço de 4 cm de gengibre

2 tomates maduros

1 limão-taiti

2 colheres (sopa) de coco ralado seco

15 g de coentro fresco

4 ovos grandes

4 colheres (sopa) cheias de iogurte natural

Numa tigela, dissolva o fermento em 250 ml de água morna, batendo com um fouet. Junte a farinha de arroz e 1 pitada de sal, sempre batendo, até que a mistura fique lisa. Reserve. Leve ao fogo médio uma frigideira com 1 colher (chá) de azeite e a pasta de curry; adicione a pimenta fatiada fino, na quantidade desejada, e a parte verde das cebolinhas, cortadas ao meio. Cozinhe, mexendo sempre, por 5 minutos; por último, adicione o grão-de-bico (com 1 xícara do líquido do cozimento) e o espinafre. Espere levantar fervura, reduza o fogo para mínimo e deixe cozinhando até a hora de usar.

Para o molho, corte em fatias finas a parte branca das cebolinhas; faça o mesmo com o restante da pimenta e coloque tudo numa tigela. Descasque e rale fino o gengibre. Corte os tomates em cubinhos e junte à tigela. Rale fino a casca do limão e esprema o suco na tigela, adicione o coco e o coentro e mexa.

Para as panquecas, leve ao fogo médio uma frigideira pequena, antiaderente, e unte com azeite, espalhando-o com uma toalha de papel. Use uma quarta parte da massa para cada panqueca. Cada vez que fizer uma nova panqueca, dê uma boa mexida na massa, e gire a frigideira para espalhá-la uniformemente, inclusive nas beiradas. Frite-a por cerca de 5 minutos, até que fique bem dourada na parte inferior – solte-a com uma espátula e deixe-a deslizar sobre um prato. Repita com a massa restante e, quando for fritar a última panqueca, coloque os ovos para cozinhar em água fervente, em fogo baixo, até o ponto de cozimento que você preferir.

Sirva cada panqueca com uma colherada de grão-de-bico, outra de molho, 1 colher de iogurte e 1 ovo poché gloriosamente apoiado em cima de tudo.

CALORIAS	GORDURA	G. SATURADA	PROTEÍNA	CARBOIDRATO	AÇÚCAR	SAL	FIBRA	1 PORÇÃO LEG., VERDURAS & FRUTAS
319 kcal	11,4 g	3,8 g	15,8 g	38,4 g	4,7 g	0,9 g	4,9 g	

LASSI DE MANGA COM GENGIBRE, BANANA, PISTACHE & ERVA-DOCE

— A aveia é um ingrediente repleto de coisas boas, além disso contém betaglucanos, um tipo de fibra que ajuda a reduzir os níveis de colesterol e a evitar problemas cardíacos. —

SERVE 4

20 MINUTOS

MAIS O TEMPO DE DEMOLHO

4 vagens de cardamomo

20 g de semente de linhaça

½ colher (chá) de cúrcuma em pó

¼ colher (chá) de canela em pó

1 pedaço de 2 cm de gengibre

1 colher (sopa) bem cheia de manteiga de amendoim

200 g de aveia em flocos médios

300 ml de leite semidesnatado

2 colheres (sopa) de iogurte natural

1 limão-taiti

1 banana pequena, madura

300 g de polpa de manga congelada

1 colher (sopa) de coco ralado

20 g de pistache descascado

½ colher (chá) de sementes de erva-doce

Abra as vagens de cardamomo, retire as sementes e coloque-as no liquidificador, junte a linhaça, 1 pitada de cúrcuma, a canela, o gengibre descascado, a manteiga de amendoim e metade da aveia. Bata, pulsando, até que fique bem moído. Acrescente o leite, o iogurte, o suco do limão, a banana descascada e picada e a polpa de manga congelada. Bata, sempre pulsando, até ficar tudo bem misturado. Transfira para uma tigela, acrescente a aveia restante e o coco e mexa bem. Leve à geladeira por uma noite.

Para preparar a cobertura crocante, leve o pistache e a semente de erva--doce ao fogo médio, numa frigideira antiaderente, por 1 minuto. Apague o fogo e deixe esfriar. Em seguida, amasse tudo com um pilão, adicionando também a cúrcuma restante. Sirva as porções diluindo com mais leite, se achar necessário, e polvilhe por cima com um pouco da mistura de pistache. Qualquer sobra pode ser conservada na geladeira por até 2 dias.

CALORIAS	GORDURA	G. SATURADA	PROTEÍNA	CARBOIDRATO	AÇÚCAR	SAL	FIBRA	1 PORÇÃO LEG., VERDURAS & FRUTAS
399 kcal	15,7 g	3,9 g	13,4 g	49,4 g	15,2 g	0,2 g	10,5 g	

AVOCADO NA TORRADA DE PÃO DE CENTEIO INSPIRA A CRIATIVIDADE – PARTE 1

— Hoje no Reino Unido o avocado é mais popular que laranja! Ótimo para o café da manhã, é uma fonte de vitamina E, que, com sua ação antioxidante, ajuda a proteger nossas células. —

CADA TORRADA SERVE 1 PORÇÃO

Espalhe **1 colher (chá) bem cheia de cream cheese light** sobre **1 torrada ou fatia de pão de centeio integral (75 g)** e salpique de **1 colher (chá) de um mix de sementes**. Corte **½ avocado maduro** em fatias finas e arrume sobre o queijo, esprema sobre elas um pouco de **suco de limão**, tempere a gosto e regue com **1 colher (chá) de azeite extravirgem**. Espalhe **½ pimenta-vermelha** cortada em rodelas finas.

Espalhe **1 colher (chá) bem cheia de ricota** sobre **1 torrada ou fatia de pão de centeio integral (75 g)**. Corte **½ avocado maduro** e **1 tomate maduro** em fatias finas e regue-os com um pouco de **suco de limão**, tempere a gosto e arrume sobre o pão. Salpique de **1 colher (chá) de pinoli torrados** e, se tiver à mão, decore com algumas **folhas de manjericão fresco**.

Com um garfo, amasse **½ avocado maduro, ½ banana madura, 1 colher (chá) bem cheia de cream cheese light** e **1 colher (chá) de manteiga de amendoim** até que fique liso. Espalhe sobre **1 torrada ou fatia pão de centeio integral (75 g)** e salpique de **1 colher (chá) de semente de gergelim torrada**. Arrume sobre esse creme os grãos de **¼ de uma romã**.

Espalhe **1 colher (chá) bem cheia de cream cheese light** sobre **1 torrada ou fatia de pão de centeio integral (75 g)**. Abafe **um bom punhado de folhas de espinafre** até murcharem, regue com um pouco de **suco de limão**, tempere a gosto e arrume sobre o queijo. Adicione **½ ovo cozido mole**, **½ avocado maduro cortado em fatias**, algumas **folhas de coentro fresco** e **1 pitada de curry em pó** para arrematar.

Em uma tigela, amasse com um garfo ½ **beterraba média**, bem cozida, com **1 colher (chá) de homus** e **1 colher (chá) de queijo cottage**. Tempere a gosto e espalhe sobre **1 torrada ou fatia de pão de centeio integral (75 g)**. Apoie por cima ½ **avocado** e regue com **1 colher (chá) de azeite extravirgem**. Espalhe **1 colher (chá) de um mix de sementes**.

Cozinhe **1 colher (sopa) de ervilha congelada**, escorra e amasse com um garfo, juntamente com ½ **avocado, 1 colher (chá) bem cheia de queijo cottage**, um pouco de **suco de limão** e algumas **folhas de hortelã fresca** picadas fino. Espalhe sobre **1 torrada ou fatia de pão de centeio integral (75 g)**, regue com **1 colher (chá) de azeite extravirgem** e distribua sobre ela **1 colher (chá) de amêndoa amassada**.

Numa frigideira em fogo médio, aqueça por 5 minutos **150 g de feijão-preto, cozido e escorrido**, e **1 colher (chá) de molho de pimenta chipotle**. Adicione **1 colher (chá) bem cheia de queijo cottage**, misture bem e espalhe sobre **1 torrada ou fatia pão de centeio integral (75 g)**. Pique ½ **avocado maduro** e ½ **pimenta-vermelha**, regue com **suco de limão**, arrume sobre o feijão e finalize com **folhas de coentro.**

Com um garfo, amasse ½ **avocado maduro** e espalhe sobre **1 torrada ou fatia de pão de centeio integral (75 g)**. Arrume por cima **2 fatias de tomate grande maduro, 2 azeitonas pretas** sem caroço, cortadas em pedaços, e **5 g de queijo feta** esmigalhado. Para finalizar, polvilhe **1 colher (chá) de orégano** e **1 pitada de pimenta--do-reino preta**, e regue com **1 colher (chá) de azeite extravirgem**.

Espalhe **1 colher (chá) bem cheia de queijo cottage** sobre **1 torrada ou fatia de pão de centeio integral (75 g)**. Fatie ½ **avocado maduro** e grelhe, juntamente com **4 chapéus de cogumelo portobello**, limpos, e coloque-os sobre o pão. Por cima, disponha **2 tomates-cereja maduros**, picados, regue com **1 colher (chá) de azeite extravirgem** e **suco de limão** e termine com **1 pitada de pimenta-do-reino preta.**

AVOCADO NA TORRADA DE PÃO DE CENTEIO INSPIRA A CRIATIVIDADE – PARTE 2

O pão de centeio integral contém cloreto, um elemento necessário para a produção do ácido clorídrico, indispensável para o nosso estômago digerir bem os alimentos.

CADA TORRADA SERVE 1 PORÇÃO

Com um garfo, amasse ½ **avocado maduro** e espalhe sobre **1 torrada ou fatia de pão de centeio integral (75 g)**. Tempere **algumas folhas de rúcula** com um pouco de **suco de limão** e coloque sobre o pão. Enrole **1 fatia de presunto cru** e coloque por cima. Adicione **2 tomates-cereja picados** e **5 g de lascas de parmesão**. Para finalizar, polvilhe **1 pitada de pimenta-do-reino preta**.

Amasse ½ **avocado maduro** e **1 colher (chá) bem cheia de ricota** e espalhe sobre **1 torrada ou fatia de pão de centeio integral (75 g)**. Branqueie **80 g de brócolis em tenros buquês**, escorra e regue com **suco de limão** e **1 colher (chá) de azeite extravirgem**. Tempere a gosto e distribua sobre o pão. Espalhe por cima **1 colher (chá) de avelã torrada e picada** e **1 pitada de pimenta-vermelha em flocos**.

Espalhe **1 colher (chá) bem cheia de cream cheese light** sobre **1 torrada ou fatia de pão de centeio integral (75 g)**. Pique **4 cebolinhas-verdes, ½ pimentão vermelho,** grande e sem pele, **½ avocado** e **1 ramo de salsa fresca**. Tempere com **1 colher (chá) de azeite extravirgem** e um pouco de **suco de limão**. Espalhe sobre o pão, amontoando um pouco, e salpique de **1 colher (chá) de amêndoa partida ao meio**.

Com um garfo, amasse ½ **avocado maduro, ½ banana madura, 1 colher (chá) bem cheia de cream cheese light** e **1 colher (chá) de cacau em pó** até tudo ficar liso. Espalhe sobre **1 torrada ou fatia de pão de centeio integral (75 g)** e distribua por cima algumas **framboesas** e **2 colheres (chá) de avelã torrada**. Se quiser, para finalizar, raspe um pouco de **chocolate amargo** (70% de cacau).

Fatie ½ **avocado maduro**, arrume sobre **1 torrada ou fatia de pão de centeio integral (75 g)** e respingue **suco de limão**. Cubra com algumas fatias finas de **pepino** e um pouco de **cebolinha-francesa** picada. Acomode por cima **20 g de salmão defumado** e termine espalhando **1 colher (chá) bem cheia de queijo cottage** e **1 pitada de pimenta-do-reino preta.**

Amasse bem ½ **avocado maduro** com um pouco de **suco de limão**, tempere a gosto e espalhe sobre **1 torrada ou fatia de pão de centeio integral (75 g)**. Toste **1 espiga de milho** sobre uma grelha sem gordura, corte os grãos e coloque sobre o pão. Distribua por cima **1 colher (chá) bem cheia de queijo cottage**, regue com **1 colher (chá) de azeite extravirgem** e respingue **molho de pimenta** a gosto.

Espalhe **1 colher (chá) bem cheia de cream cheese light** sobre **1 torrada ou fatia de pão de centeio integral (75 g)**. Fatie ½ **avocado maduro** e arrume as fatias sobre o queijo. Misture **suco de limão** com **1 colher (chá) de mostarda-inglesa** para que fique mais fluida e espalhe sobre **40 g de truta defumada**. Coloque sobre o avocado e decore com **galhos de agrião**.

Espalhe **1 colher (chá) bem cheia de ricota** sobre **1 torrada ou fatia de pão de centeio integral (75 g)**. Fatie ½ **avocado maduro** e **6 morangos pequenos maduros** e arrume sobre a ricota. Espalhe por cima **1 colher (chá) de pinoli** e termine regando com **1 colher (chá) de vinagre balsâmico.**

Espalhe **1 colher (chá) bem cheia de ricota** sobre **1 torrada ou fatia de pão de centeio integral (75 g)**. Fatie ½ **avocado maduro** e arrume-o sobre o pão; respingue **suco de limão**. Numa frigideira sem gordura, frite **1 fatia de bacon** até ficar crocante, coloque-a sobre o avocado e tempere com **1 pitada de pimenta-do-reino preta.**

CALORIAS	GORDURA	G. SATURADA	PROTEÍNA	CARBOIDRATO	AÇÚCAR	SAL	FIBRA
353 kcal	16,5 g	3,6 g	12,2 g	42,5 g	5,7 g	1,4 g	6,8 g

ESSES VALORES SÃO UMA MÉDIA DAS 18 RECEITAS DAS PÁGINAS 38 A 41.

REFEIÇÕES RÁPIDAS

Receitas salvadoras que você consegue servir em 25 minutos ou menos

ESPETOS DE FRANGO AO MOLHO, CUSCUZ DE ERVILHA & ASPARGOS TOSTADOS

— Além de ser muito gostoso e ter muitas fibras, este cuscuz simples é rico em cobre, que é necessário para o bom funcionamento do nosso sistema metabólico. —

SERVE 2

24 MINUTOS

250 g de aspargo verde

120 g de ervilha fresca ou congelada

120 g de cuscuz marroquino integral

1 limão-siciliano

20 g de amêndoa laminada

2 filés de frango, sem pele (120 g cada)

azeite de oliva

2 colheres (chá) cheias de tomate seco em pasta

2 colheres (sopa) de iogurte natural

½ maço de hortelã (15 g)

Apare seis espetinhos de madeira de modo que caibam em uma frigideira antiaderente. Mergulhe-os em água fria. Corte a extremidade fibrosa dos aspargos, toste na frigideira em fogo médio, virando de vez em quando. Enquanto isso, coloque a ervilha e o cuscuz em uma tigela e rale casca de limão por cima. Cubra com água fervente. Tampe com um prato e reserve, enquanto o cuscuz hidrata.

Transfira os aspargos tostados da frigideira para um prato. Coloque as lâminas de amêndoa na frigideira para tostar até ficarem levemente douradas. Retire. Use a base de uma frigideira para achatar um pouco o lado mais grosso dos filés. Espete cada filé com três espetinhos de madeira em intervalos regulares. Tempere cada filé com sal e pimenta-do-reino moída na hora e unte-os com 1 colher (chá) de azeite. Coloque os filés na frigideira, virando a cada 2 minutos por 10 minutos ou até que estejam dourados e bem grelhados, mas ainda suculentos. No último minuto, volte os aspargos para a frigideira, para aquecê-los.

Enquanto isso, misture a pasta de tomate seco com o iogurte e o suco de ½ limão até ficar homogêneo. Mexa o cuscuz, esprema por cima o restante do suco de limão, pique bem as folhas de hortelã e misture. Prove e acerte o tempero. Corte os filés para obter seis espetinhos prontos para serem mergulhados no molho de tomate seco e iogurte e passe pela amêndoa crocante. Sirva com o cuscuz e os aspargos.

CALORIAS	GORDURA	G. SATURADA	PROTEÍNA	CARBOIDRATO	AÇÚCAR	SAL	FIBRA	2 PORÇÕES LEG., VERDURAS & FRUTAS
535 kcal	15,7 g	2,7 g	46,2 g	53,8 g	8,2 g	0,9 g	7,9 g	

ENSOPADO DE MISSÔ COM TOFU, ALGAS MARINHAS & VERDURAS

Em pequenas quantidades (por causa do alto teor de sal), algas marinhas desidratadas são supernutritivas. Contêm iodo, um mineral essencial para o bom funcionamento da tireoide.

SERVE 2

15 MINUTOS

2 colheres (chá) cheias de pasta de missô tradicional

1 punhado de algas marinhas desidratadas

4 cebolinhas-verdes

160 g de mix de verduras, como brócolis, aspargo, acelga e outras verduras chinesas

160 g de cogumelos variados

200 g de tofu firme

125 g de noodles de arroz integral

1 limão-taiti

1 colher (sopa) de óleo de pimenta

Despeje 1,2 l de água fervente em uma panela em fogo médio e acrescente o missô e as algas. Apare e pique bem fino a cebolinha. Apare as pontas das verduras, corte os talos ao meio no sentido do comprimento e corte a acelga e demais verduras em fatias bem finas. Adicione ao caldo de missô e junte os cogumelos inteiros ou picados. Coloque o tofu cortado em cubos e mexa. Deixe no fogo por 5 minutos de forma que tudo fique cozido, mas ainda cheio de vida e cor.

Enquanto isso, cozinhe os noodles de acordo com as instruções da embalagem. Escorra e misture ao caldo. Prove e ajuste o tempero com toques de suco de limão para chegar à perfeição. Divida as porções e sirva com algumas gotas de óleo de pimenta.

CALORIAS	GORDURA	G. SATURADA	PROTEÍNA	CARBOIDRATO	AÇÚCAR	SAL	FIBRA	2 PORÇÕES LEG., VERDURAS & FRUTAS
322 kcal	13,2 g	2,3 g	20,1 g	30,2 g	3,5 g	1,5 g	7,8 g	

MACARRÃO AO PESTO COM VAGEM, BRÓCOLIS & ASPARGOS

— Mudar para massa integral não só aumenta sua ingestão de fibras, mas também proporciona outros micronutrientes essenciais, como o ferro, que o cérebro precisa para funcionar bem. —

SERVE 4
20 MINUTOS

4 porções de pesto super-rápido (veja página 232)

700 g de legumes verdes, como vagem, brócolis e aspargo

300 g de rigatoni ou penne integral

½ limão-siciliano

2 ramos de manjericão fresco

30 g de queijo parmesão

Se você ainda não tem, prepare uma receita de pesto super-rápido (veja página 232). Corte as pontas das vagens. Separe os buquês de brócolis. Apare a extremidade fibrosa dos aspargos e, se os talos forem grossos, divida-os ao meio no sentido do comprimento. Cozinhe o macarrão em uma panela grande com água fervente temperada com sal seguindo as instruções da embalagem. Adicione a vagem 6 minutos antes de terminar o tempo de cozimento da massa, os brócolis 3 minutos antes e o aspargo apenas 2 minutos antes. Escorra o macarrão e os legumes, reservando uma caneca da água do cozimento.

Devolva a massa e os legumes para a panela, adicione o pesto misturando bem e diluindo com um pouco da água reservada, se necessário. Coloque numa travessa, rale raspas de limão e espalhe algumas folhas de manjericão. Rale por cima o queijo parmesão bem fino e sirva.

CALORIAS	GORDURA	G. SATURADA	PROTEÍNA	CARBOIDRATO	AÇÚCAR	SAL	FIBRA	2 PORÇÕES LEG., VERDURAS & FRUTAS
517 kcal	23,1 g	5,9 g	25,3 g	55,5 g	6,9 g	0,6 g	10,5 g	

CURRY DE CAMARÃO À MODA DO SRI LANKA & ARROZ COM ABACAXI

O camarão fornece uma boa dose de proteína e também contém fósforo, que é importante para a saúde dos ossos, assim como o manganês que é fornecido pelo abacaxi.

SERVE 6
25 MINUTOS

450 g de arroz basmati

1 lata de abacaxi em calda em pedaços, sem açúcar (430 g)

2 cebolas roxas

1 pedaço de 4 cm de gengibre

1 a 2 pimentões vermelhos ou amarelos

1 punhado pequeno de folhas de curry

1 colher (chá) cheia de curry em pó

2 colheres (chá) cheias de semente de mostarda-preta

2 colheres (chá) cheias de pasta de tamarindo

500 g de tomate maduro

400 ml de leite de coco light

175 g de minimilho

700 g de camarão descascado

6 colheres (sopa) de iogurte natural

Coloque o arroz em uma panela com o dobro do volume de água fervente temperada com sal. Adicione os pedaços de abacaxi com a calda e cozinhe tampado, em fogo médio, por 12 minutos, ou até que todo o líquido tenha sido absorvido, mexendo de vez em quando.

Enquanto isso, descasque e pique as cebolas em cubinhos, descasque e pique o gengibre bem fino e fatie finamente os pimentões. Coloque as folhas de curry, o curry em pó e as sementes de mostarda numa caçarola antiaderente sobre fogo médio. Depois de 1 minuto, junte a cebola, o gengibre e o pimentão, acrescente a pasta de tamarindo e cozinhe por 5 minutos, mexendo sempre e adicionando pequenas quantidades de água, se necessário, para evitar que grude. Junte o tomate picado grosseiramente, despeje o leite de coco, adicione o minimilho e o camarão e deixe ferver. Tampe e cozinhe por 8 a 10 minutos, ou até que o camarão esteja bem cozido. Sirva o arroz com o curry, adicionando 1 colher (sopa) de iogurte a cada porção.

Bônus de sabor

Use camarões frescos com casca – são fáceis de preparar se você se sente confiante. Descasque os camarões e, com uma faca, abra as costas de cada um ao meio, no sentido do comprimento, para tirar as tripas. Remova a cabeça e coloque na panela para dar mais sabor. Retire-as antes de servir.

CALORIAS	GORDURA	G. SATURADA	PROTEÍNA	CARBOIDRATO	AÇÚCAR	SAL	FIBRA	2 PORÇÕES LEG., VERDURAS & FRUTAS
532 kcal	8 g	5 g	31,1 g	89,6 g	17,5 g	0,6 g	3,5 g	

TIRINHAS DE FRANGO COM PITA, ALFACE, TOMATE & MOLHO DE ABACATE

Nós gostamos quando os ingredientes se unem para maximizar o seu poder nutricional! Aqui, a gordura do abacate e a do azeite nos ajudam a absorver a vitamina K da alface.

SERVE 4
23 MINUTOS

6 pães pita integrais

4 filés de frango, sem pele (120 g cada)

1 maço de manjericão fresco (30 g)

1 ovo grande

2 dentes de alho

20 g de queijo parmesão ralado

1 limão-siciliano

4 colheres (sopa) cheias de iogurte grego

1 abacate maduro

molho de pimenta chipotle

azeite extravirgem de oliva

2 pés de alface baby

320 g de tomate-cereja maduro

Preaqueça o forno a 200 °C. Rasgue 2 pães pita, coloque no liquidificador, bata até obter migalhas e espalhe-as numa assadeira. Corte o frango no sentido do comprimento em tiras de 1 cm e coloque numa vasilha grande. Junte no liquidificador metade do manjericão e o ovo. Adicione o alho descascado, o queijo parmesão ralado, as raspas e todo o suco do limão. Tempere com sal e pimenta-do-reino. Bata até ficar homogêneo. Despeje sobre o frango e misture bem, massageando a carne com todo esse sabor.

Trabalhando em lotes, passe as tiras de frango pelas migalhas de pão até que fiquem bem cobertas. Arrume em uma assadeira grande e leve ao forno por 15 a 18 minutos, ou até que fiquem douradas, virando na metade do tempo.

Enquanto isso, lave rapidamente o liquidificador e coloque a maior parte do manjericão que sobrou e o iogurte. Junte a polpa do abacate e bata até ficar homogêneo. Prove e acerte o tempero. Divida o molho de abacate entre os pratos e adicione a cada porção algumas gotas de molho de pimenta e de azeite. Toste levemente os 4 pitas que sobraram, separe as folhas de alface e corte os tomates-cereja ao meio. Reparta tudo entre os pratos com os filezinhos de frango, decore com o manjericão restante e coma até dizer chega!

Deixe pronto

Faça a marinada, tempere o frango e deixe na geladeira durante a noite para os sabores penetrarem bem. Empane com as migalhas de pão no dia seguinte.

CALORIAS	GORDURA	G. SATURADA	PROTEÍNA	CARBOIDRATO	AÇÚCAR	SAL	FIBRA	2 PORÇÕES LEG., VERDURAS & FRUTAS
520 kcal	15,5 g	5,2 g	47,2 g	48,3 g	8,1 g	1,5 g	7,2 g	

MACARRÃO & MOLHO DE TOMATE COM 7 LEGUMES 4 RECEITAS SUPERSIMPLES – PARTE 1

Todos gostam de macarrão com um bom molho – e é uma refeição fácil de preparar. Entre no espírito usando o meu molho de tomate com 7 legumes supernutritivo.

CADA RECEITA SERVE 2

12 MINUTOS

ASPARGO, ERVILHA & HORTELÃ

Cozinhe **150 g de penne de trigo integral** em água fervente temperada com sal seguindo as instruções da embalagem. Enquanto isso, apare as extremidades fibrosas de **1 maço de aspargos (350 g)**, corte em pedaços de 2 cm e refogue em fogo médio em uma frigideira grande antiaderente, usando **1 colher (chá) de azeite**. Depois de 2 minutos, adicione **150 g de ervilha congelada** e **300 ml do molho de tomate com 7 legumes** (veja página 234) e deixe cozinhar até que o macarrão esteja pronto. Separe as folhas de **2 ramos de hortelã** e pique bem fino. Rale **20 g de queijo parmesão** bem fino. Escorra o macarrão, reservando uma caneca da água do cozimento. Misture o macarrão com o molho, a hortelã picada e o queijo parmesão ralado, diluindo um pouco com a água reservada, se necessário. Divida entre os pratos e ataque!

BACON, ALECRIM & VINAGRE BALSÂMICO

Cozinhe **150 g de fusilli de trigo integral** em água fervente temperada com sal seguindo as instruções da embalagem. Enquanto isso, corte **2 fatias de bacon** em tirinhas finas e frite com **1 colher (chá) de azeite**, em fogo médio, em uma frigideira antiaderente, até que fiquem douradas. Adicione 1 pitada de pimenta-do-reino e as folhas de **2 ramos de alecrim**. Depois de 1 minuto, remova da frigideira, deixando a gordura. Adicione **300 ml de molho de tomate com 7 legumes** (veja página 234) e **2 colheres (sopa) de vinagre balsâmico** e deixe cozinhar até que o macarrão esteja pronto. Escorra o macarrão, reservando uma caneca da água do cozimento. Misture o macarrão com o molho, diluindo com um pouco da água reservada, se necessário. Divida em 2 pratos, rale **20 g de queijo parmesão** por cima e sirva salpicado do bacon e do alecrim.

MACARRÃO & MOLHO DE TOMATE COM 7 LEGUMES 4 RECEITAS SUPERSIMPLES - PARTE 2

A troca do macarrão de farinha branca pelo integral é uma maneira muito fácil de aumentar a quantidade de fibras, que geralmente não consumimos o suficiente no dia a dia.

CADA RECEITA SERVE 2
12 MINUTOS

RICOTA, RÚCULA & PINOLI

Cozinhe **150 g de espaguete de trigo integral** em água fervente temperada com sal seguindo as instruções da embalagem. Enquanto isso, refogue **2 colheres (sopa) de ricota amassada** em uma frigideira antiaderente grande, em fogo médio, usando **2 colheres (chá) de azeite**. Salpique de raspas finas de **1 limão**, adicione **2 colheres (sopa) de pinoli** e refogue por 1 minuto. Junte **300 ml do molho de tomate com 7 legumes** (veja página 234) e deixe cozinhar até que o macarrão esteja pronto. Escorra o macarrão, reservando uma caneca da água do cozimento. Misture o macarrão com o molho, diluindo com um pouco da água reservada, se necessário. Divida entre os pratos e espalhe por cima **um punhado de rúcula** temperada com **limão-siciliano.**

ATUM, ALCAPARRAS & LIMÃO

Cozinhe **150 g de macarrão conchiglione** em água fervente temperada com sal seguindo as instruções da embalagem. Enquanto isso, lave **2 colheres (chá) de alcaparras pequenas** e refogue numa frigideira em fogo médio com **1 colher (chá) de azeite** e as raspas finas de **1 limão** até dourar. Retire, mantendo o azeite na frigideira. Junte ao azeite **300 ml de molho de tomate com 7 legumes** (veja página 234) e um pouco do **suco do limão--siciliano** a gosto. Adicione **1 lata (120 g) de atum sólido em água e sal** escorrido e despedaçado, **1 pitada de canela em pó** e **2 colheres (sopa) de queijo cottage** e deixe cozinhar até que o macarrão esteja pronto. Escorra o macarrão reservando uma caneca da água do cozimento. Misture a massa com o molho, diluindo com um pouco da água reservada, se necessário. Divida e salpique de alcaparras por cima.

CALORIAS	GORDURA	G. SATURADA	PROTEÍNA	CARBOIDRATO	AÇÚCAR	SAL	FIBRA	2 PORÇÕES LEG., VERDURAS & FRUTAS
419 kcal	10 g	3 g	22 g	64 g	12 g	1 g	9 g	

ESSES VALORES SÃO UMA MÉDIA DAS QUATRO RECEITAS DAS PÁGINAS 54 A 57.

ARROZ FRITO VEGETARIANO & OVOS APIMENTADOS COM GERGELIM E TOFU

Além de ser muito versátil e uma grande fonte de proteínas vegetais, o tofu é rico em cálcio, que o nosso sangue precisa para produzir as enzimas necessárias para digerir os alimentos.

SERVE 2
19 MINUTOS

óleo de amendoim

200 g de tofu firme

300 g de cogumelos variados

2 dentes de alho

1 pedaço de 4 cm de gengibre

4 cebolinhas-verdes

150 g de ervilha-torta

250 g de arroz basmati integral cozido

2 colheres (chá) cheias de gergelim

2 ovos grandes

molho de pimenta

1 colher (sopa) de shoyu (molho de soja) light

1 limão-taiti

Coloque 1 colher (chá) de óleo de amendoim em uma frigideira antiaderente e leve ao fogo médio. Corte o tofu em 4 pedaços, arrume na frigideira e deixe dourar. Coloque uma frigideira antiaderente grande em fogo alto. Escolha cuidadosamente os cogumelos, divida os grandes ao meio e espalhe na frigideira para tostarem por 5 minutos, até que fiquem dourado-escuro e com um maravilhoso sabor de nozes.

Enquanto isso, descasque o alho e o gengibre e pique os dois bem fino. Apare as cebolinhas-verdes, corte bem fino a parte verde e reserve. Corte o parte branca em pedaços de 2 cm. Empurre os cogumelos para um lado da frigideira, coloque 1 colher (chá) de óleo de amendoim no lado vazio e refogue o alho, o gengibre e a parte branca da cebolinha nesse óleo. Depois de 1 minuto, misture tudo com o cogumelo, adicione a ervilha-torta e o arroz cozido e refogue por mais 5 minutos.

Ao mesmo tempo, vire o tofu, salpique de gergelim e adicione os ovos. Gire a frigideira para espalhar os ovos, jogue por cima a parte verde da cebolinha e pingue algumas gotas de molho de pimenta. Tampe e deixe cozinhando por 4 minutos. Adicione o shoyu ao arroz e mexa. Sirva com os ovos com tofu e coloque ao lado gomos de limão para serem espremidos por cima.

CALORIAS	GORDURA	G. SATURADA	PROTEÍNA	CARBOIDRATO	AÇÚCAR	SAL	FIBRA	2 PORÇÕES LEG., VERDURAS & FRUTAS
514 kcal	23,7 g	5,3 g	26,8 g	51,8 g	6,7 g	0,9 g	5,5 g	

KEBAB GRELHADO COM SALADA CROCANTE, QUEIJO FETA & PITA

Aqui a carne nos dá a vitamina B que os sistemas metabólico e nervoso precisam, enquanto o repolho, a hortelã e a romã oferecem a vitamina C que ajuda a absorver o ferro do pita.

SERVE 4
25 MINUTOS

- 500 g de carne magra moída
- 1 ovo grande
- 50 g de cranberry desidratada
- 50 g de pistache descascado
- 1 colher (chá) cheia de garam masala
- azeite de oliva
- 1 cebola roxa
- 2 limões-sicilianos
- 500 g de repolho branco e/ou roxo
- 1 cenoura grande
- 1 romã
- ½ maço de hortelã fresca (15 g)
- 4 pães pita integrais
- 30 g de queijo feta
- 4 colheres (sopa) de iogurte natural

Se você for usar espetinhos de madeira, coloque-os de molho em água fria por alguns minutos. Aqueça o grill em temperatura alta. Bata a carne moída no processador com o ovo, a cranberry, o pistache, o garam masala e 1 pitada de sal e de pimenta-do-reino até tudo ficar bem misturado. Divida em 4 partes iguais e, com as mãos úmidas, molde cada porção ao redor de um espetinho de madeira ou de metal. Arrume os espetinhos lado a lado numa assadeira untada com azeite. Coloque sob o grill por 10 minutos, até ficarem dourados, virando na metade do tempo.

Descasque e fatie a cebola bem fino, de preferência no mandolim (use a proteção), ou usando a faca com muita habilidade. Coloque numa travessa grande e misture o suco dos limões e 1 pitada de sal. Remova e descarte as folhas externas do repolho e pique bem fino. Descasque a cenoura e corte em tirinhas bem finas no sentido do comprimento. Arrume tudo sobre a cebola. Corte a romã ao meio e solte os grãos sobre uma travessa, colocando o lado cortado sobre os dedos e batendo na casca com uma colher para soltar os grãos sobre a travessa. Repita com a outra metade. Separe as folhas de hortelã, pique grosseiramente e espalhe por cima. Está pronto para misturar tudo.

Aqueça levemente os pães pita, mexa bem a salada e sirva com os kebabs, pedacinhos de queijo feta à parte e uma boa colherada de iogurte.

CALORIAS	GORDURA	G. SATURADA	PROTEÍNA	CARBOIDRATO	AÇÚCAR	SAL	FIBRA	2 PORÇÕES LEG., VERDURAS & FRUTAS
531 kcal	18,3 g	5,9 g	40,2 g	51,6 g	22,7 g	1,5 g	9,1 g	

FALSA SOPA DE ERVILHA, LOMBO, MACARRÃO & QUEIJO FETA

— Esta sopa super-rápida leva ervilhas e espinafre. Ambos fornecem vitamina C que nos ajuda a absorver o ferro contido na massa, que é tão importante. —

SERVE 4

24 MINUTOS

1 maço de cebolinha-verde

300 g de ervilha congelada

300 g de espinafre congelado picado

100 g de lombo defumado picado

½ maço de hortelã (15 g)

300 g de fusilli de trigo integral

50 g de queijo feta

Elimine as extremidades da cebolinha-verde e bata no liquidificador com a ervilha e o espinafre. Junte o lombo picado, as folhas de hortelã e despeje 400 ml de água fervente. Tampe bem, cubra com um pano de prato e bata até que fique homogêneo, parando de vez em quando para raspar os lados e misturar tudo, se necessário. Despeje numa panela grande em fogo alto e adicione 1,2 l de água fervente. Quebre o macarrão em pedaços desiguais – o jeito mais fácil é enrolar num pano de prato e bater com o rolo de massa – e adicione à sopa. Deixe levantar fervura e cozinhe até que a massa esteja no ponto, mexendo de vez em quando e adicionando jatos de água quente para diluir, se necessário. Prove e tempere a gosto.

Sirva a sopa nos pratos e use um descascador de legumes para cortar fatias bem finas de queijo feta por cima antes de atacar.

CALORIAS	GORDURA	G. SATURADA	PROTEÍNA	CARBOIDRATO	AÇÚCAR	SAL	FIBRA	2 PORÇÕES
418 kcal	9,1 g	3,3 g	26 g	61,1 g	10,1 g	1,5 g	11,8 g	LEG., VERDURAS & FRUTAS

TRUTA CROCANTE, AVEIA & TOMILHO E IOGURTE COM RAIZ-FORTE, BATATA & LEGUMES

— Esta truta é rica em vitamina B, necessária para a produção de glóbulos vermelhos, o que tira a sensação de cansaço. Além disso, o prato contém uma boa dose de vitamina C dos legumes. —

SERVE 2

21 MINUTOS

400 g de batata bolinha

150 g de minicenoura

200 g de brócolis

150 g de ervilha congelada

2 colheres (chá) de raiz-forte ralada em conserva

2 colheres (sopa) cheias de iogurte natural

1 limão-siciliano

azeite de oliva

2 filés de truta descamados e sem espinhos (120 g cada)

½ maço de tomilho fresco (15 g)

1 colher (sopa) de aveia em flocos

Cozinhe a batata por 15 a 20 minutos, numa panela grande com água fervente temperada com sal, ou até que esteja macia. Lave bem ou descasque a minicenoura, corte ao meio no sentido do comprimento e adicione à panela nos 8 minutos finais. Corte as extremidades dos brócolis e cozinhe junto durante os 5 minutos finais, colocando a ervilha nos 2 últimos minutos. Misture a raiz-forte com o iogurte e metade do suco de limão e reserve.

Poucos minutos antes de servir, coloque uma frigideira grande antiaderente em fogo médio. Espalhe 1 colher (chá) de azeite nos filés e tempere com sal e pimenta-do-reino. Coloque na frigideira com a carne voltada para baixo por 2 minutos. Adicione as folhas de tomilho, salpique de aveia, vire os filés e pressione delicadamente com uma escumadeira para a pele ficar toda em contato com a frigideira. Deixe por 4 a 6 minutos, ou até que a pele esteja super crocante (vai depender do formato dos filés) e desligue o fogo.

Escorra a batata e os legumes e divida entre os pratos. Esmague levemente a batata criando uma base em cada prato. Coloque o filé de truta sobre essa base com a pele para cima. Espalhe um pouco do iogurte com raiz-forte, salpique de pimenta-do-reino e sirva com gomos de limão para espremer.

CALORIAS	GORDURA	G. SATURADA	PROTEÍNA	CARBOIDRATO	AÇÚCAR	SAL	FIBRA	2 PORÇÕES LEG., VERDURAS & FRUTAS
479 kcal	13,2 g	3,6 g	39,4 g	53,6 g	13,5 g	1,1 g	10,9 g	

MEXILHÕES COM MINIABOBRINHA, ERVILHA E TOMATE-CEREJA & TORRADAS COM PESTO

— O mexilhão é um membro muito nutritivo da família dos mariscos. Contém micronutrientes como o iodo e o selênio, dois minerais importantes para uma função metabólica saudável. —

SERVE 2

14 MINUTOS

2 porções de pesto super-rápido (veja página 232)

2 fatias grossas de pão integral (50 g cada)

200 g de miniabobrinha

200 g de tomate-cereja maduro

500 g de mexilhão escovado e sem barba

160 g de ervilha fresca ou congelada

opcional: 50 ml de vinho branco

2 ramos de manjericão fresco

Se você ainda não preparou, faça uma receita de pesto super-rápido (veja página 232) e guarde para quando precisar. Coloque uma panela grande em fogo médio e aproveite para tostar o pão enquanto a panela aquece, virando quando dourar. Elimine as pontas das abobrinhas e corte em fatias bem finas. Corte os tomatinhos ao meio. Examine os mexilhões – se algum estiver aberto, dê um tapinha e ele deve se fechar, caso contrário, deve ser descartado. Retire as torradas da panela e divida ½ porção de pesto entre elas.

Aumente o fogo e coloque os mexilhões na panela.. Misture a porção de pesto que restou, a abobrinha, o tomate e a ervilha. Adicione o vinho (se for usá-lo) ou um bom jato de água. Tampe e deixe ferver por 3 a 4 minutos, sacudindo a panela de vez em quando. Os mexilhões estarão prontos quando todos estiverem abertos, macios e suculentos. Se algum ainda estiver fechado, descarte. Divida os mexilhões, os legumes e o caldo delicioso entre dois pratos grandes. Espalhe as folhas de manjericão e sirva com as torradas ao lado para uma grande refeição.

CALORIAS	GORDURA	G. SATURADA	PROTEÍNA	CARBOIDRATO	AÇÚCAR	SAL	FIBRA	3 PORÇÕES
471 kcal	22,1 g	4,6 g	30,8 g	36,5 g	11,7 g	1,3 g	8,7 g	LEG., VERDURAS & FRUTAS

REFOGADO AGRIDOCE COM MUITOS BROTOS, ABACAXI & NOODLES

— Os brotos cozinham muito rápido, além disso, brotos de feijão e de alfafa nos oferecem uma boa dose do ácido fólico, que necessitamos para produzir proteína. —

SERVE 2

21 MINUTOS

100 g de noodles de arroz

1 lata de abacaxi em pedaços em suco, sem açúcar (227 g)

2 colheres (chá) cheias de amido de milho

1 colher (sopa) de vinagre de maçã

2 colheres (chá) de shoyu (molho de soja) light

2 colheres (chá) de gergelim

30 g de castanha de caju

4 cebolinhas-verdes

2 dentes de alho

1 pedaço de 2 cm de gengibre

1 pimenta-malagueta fresca

200 g de ervilha-torta

óleo de amendoim

200 g de brotos, como os de alfafa, grão-de-bico, feijão

1 limão-taiti

Coloque os noodles numa vasilha e cubra com água fervente para reidratá-los. Para fazer o molho, escorra o suco do abacaxi para outra vasilha e misture com o amido de milho, o vinagre, o shoyu e 4 colheres (sopa) de água e reserve.

Coloque uma wok ou uma frigideira grande em fogo alto e, enquanto aquece, toste levemente o gergelim. Reserve numa vasilha pequena. Coloque os pedaços de abacaxi na frigideira seca, pique as castanhas de caju grosseiramente e adicione depois de 1 minuto. Elimine as pontas das cebolinhas-verdes, corte em pedaços de 2 cm e adicione à panela. Deixe tudo refogando enquanto descasca e fatia finamente o alho, o gengibre e a pimenta (se quiser, remova as sementes). Fatie as ervilhas-tortas em tirinhas finas na diagonal. Junte 1 colher (sopa) de óleo de amendoim, coloque o alho, o gengibre e a pimenta na frigideira. Mexa por 30 segundos e adicione a ervilha-torta e os brotos maiores por 1 minuto, seguidos pelo molho. Deixe ferver por 1 a 2 minutos para engrossar, prove e acerte o tempero.

Coloque o refogado num prato sobre os noodles escorridos. Volte a panela vazia para o fogo, despeje um bom jato de água fervente, use uma colher de pau para raspar todas as coisas boas que ficaram presas no fundo, mexendo por 1 minuto até que tenha engrossado levemente. Despeje sobre o refogado. Salpique de brotos mais delicados, como alfafa e de gergelim e sirva com gomos de limão para espremer no prato.

CALORIAS	GORDURA	G. SATURADA	PROTEÍNA	CARBOIDRATO	AÇÚCAR	SAL	FIBRA	3 PORÇÕES LEG., VERDURAS & FRUTAS
492 kcal	16,7 g	3,1 g	14,8 g	70,7 g	20,4 g	0,6 g	4,4 g	

SALADA CREMOSA PICADA COM UVAS, ESTRAGÃO, FRANGO & CROÛTONS

Todos os legumes desta salada colorida garantem que ela seja repleta de nutrientes – tanto o pepino quanto a alface têm altos índices de água e nos dão uma boa quantidade de vitamina K.

SERVE 4
20 MINUTOS

4 fatias grossas de pão integral (50 g cada)

150 g de iogurte natural

1 maço de estragão fresco (30 g)

azeite de oliva extravirgem

60 g de pimenta jalapeño, fatiada, em conserva

1 lata de milho-verde em conserva (325 g)

2 pimentões vermelhos tostados e sem pele, em salmoura

1 pepino

1 alface-americana

6 cebolinhas-verdes

200 g de uva de polpa firme

320 g de carne de frango cozido (veja página 230)

40 g de queijo feta

Aqueça o forno a 180 °C. Corte o pão em cubinhos de 1,5 cm, arrume numa assadeira numa única camada e leve ao forno por 15 minutos, ou até que fiquem dourados e crocantes.

Enquanto isso, bata no liquidificador o iogurte, o estragão, 1 colher (sopa) de azeite, a pimenta jalapeño e 2 colheres (sopa) do líquido da conserva da pimenta até ficar homogêneo. Prove e acerte o tempero. Coloque o milho com o líquido em uma vasilha grande, despeje o tempero e misture. Escorra os pimentões, pique em quadradinhos de 1 cm e adicione à vasilha. Divida o pepino ao meio no sentido do comprimento, remova as sementes, corte em fatias de 0,5 cm de espessura e adicione à vasilha. Corte a alface ao meio, fatie e pique em cubinhos de 1,5 cm. Coloque na mesma vasilha. Remova as extremidades da cebolinha-verde e fatie bem fino. Corte as uvas ao meio e junte tudo na vasilha.

Desfie ou pique o frango e misture delicadamente na vasilha até que tudo esteja bem envolvido pelo molho cremoso. Misture a maior parte dos croûtons e distribua o restante por cima. Espalhe o queijo feta sobre a salada e sirva!

CALORIAS	GORDURA	G. SATURADA	PROTEÍNA	CARBOIDRATO	AÇÚCAR	SAL	FIBRA	3 PORÇÕES LEG., VERDURAS & FRUTAS
475 kcal	15,5 g	4,9 g	34,7 g	47,3 g	19,1 g	1,3 g	7 g	

FRANGO COM GERGELIM & NOODLES E SALADA ASIÁTICA & MOLHO DE AMENDOIM

Adicione crocância a este prato com os ingredientes da salada: repolho-chinês e ervilha-torta são fontes de vitamina C necessária para fazer a vitamina E, que protege as células.

SERVE 2
18 MINUTOS

100 g de noodles de arroz

2 filés de frango, sem pele (120 g cada)

óleo de amendoim

4 cebolinhas-verdes

½ repolho-chinês (150 g)

200 g de ervilha-torta

½ a 1 pimenta-malagueta fresca

2 limões-taiti

1 colher (sopa) de shoyu (molho de soja) light

1 colher (sopa) de manteiga de amendoim

2 colheres (sopa) de iogurte natural

1 pedaço de 2 cm de gengibre

2 colheres (chá) de gergelim

Coloque uma grelha ou frigideira de grelhar em fogo alto. Numa vasilha, cubra os noodles com água fervente para reidratá-los. Use uma faca afiada para cortar os filés de frango e abra cada um como se fosse um livro aberto. Esfregue em cada um deles 1 colher (chá) de óleo de amendoim com 1 pitada de sal e de pimenta-do-reino. Deixe grelhar por 8 minutos ou até que estejam dourados e ao ponto, virando na metade do tempo.

Elimine as extremidades da cebolinha-verde, passe pelo fatiador mais fino do seu processador de alimentos, seguido do repolho-chinês, da ervilha-torta e da pimenta. Tempere com o suco de 1 limão e com o shoyu. Numa vasilha pequena, misture a manteiga de amendoim, o iogurte e o suco do limão restante. Descasque e rale bem fino o gengibre, misture ao molho, prove e acerte o tempero.

Retire o frango da grelha, coloque numa tábua de corte e fatie. Toste o gergelim levemente no calor que restou na panela e salpique o frango antes de servir. Escorra os noodles, divida entre os pratos, com o frango, a salada e o molho de amendoim. Misture bem e... aproveite!

CALORIAS	GORDURA	G. SATURADA	PROTEÍNA	CARBOIDRATO	AÇÚCAR	SAL	FIBRA	2 PORÇÕES LEG., VERDURAS & FRUTAS
489 kcal	12,9 g	3,3 g	40 g	52 g	8,5 g	1,3 g	3,3 g	

CLÁSSICOS SAUDÁVEIS

Os nossos maiores clássicos de comida reconfortante renovados e mais saudáveis

SUPERTORTA INGLESA DE CARNE, PURÊ DE NABO-DA-SUÉCIA & BATATA

— A carne magra de cordeiro moída funciona muito bem aqui, e nos dá uma boa dose de vitamina B12, mantendo saudáveis os nossos sistemas imunológico e nervoso. —

SERVE 6

2 HORAS 15 MINUTOS

500 g de carne magra de cordeiro moída

2 ramos de alecrim fresco

1 lata de feijão-branco (400 g)

2 cebolas

2 cenouras

2 talos de salsão

250 g de cogumelo shiitake

1 colher (sopa) de farinha de trigo

800 ml de caldo de galinha ou de legumes

800 g de nabo-da-suécia

800 g de batata

2 colheres (sopa) de leite semidesnatado

15 g de queijo cheddar ralado

1 colher (sopa) de molho inglês

1 colher (chá) de molho de hortelã

350 g de ervilha congelada

Coloque a carne moída em uma panela que possa ir ao forno. Coloque em fogo alto, adicione uma boa pitada de pimenta-do-reino e cozinhe por 15 minutos, ou até que fique dourada, desfazendo-a com uma colher de pau. Pique finamente as folhas de alecrim, escorra o feijão e acrescente-os à panela. Cozinhe e mexa por 8 minutos, ou até que o feijão comece a abrir e o prato fique mais consistente. Descasque a cebola e a cenoura, apare o salsão, limpe o cogumelo, depois pique tudo finamente (ou passe por um processador de alimentos). Junte à panela e cozinhe em fogo médio por 10 minutos, mexendo ocasionalmente. Acrescente a farinha de trigo e, em seguida, o caldo. Quando ferver, reduza para fogo baixo e cozinhe tampado por 30 minutos.

Enquanto isso, preaqueça o forno a 180 °C. Lave os nabos-da-suécia e as batatas (mantendo a casca para um benefício nutritivo extra) e corte ambos em pedaços de 3 cm. Cozinhe o nabo-da-suécia em uma panela grande com água fervente salgada por 10 minutos, então adicione a batata e cozinhe por mais 10 minutos, ou até que fiquem macios. Escorra bem e amasse junto com o leite e o queijo ralado, e tempere a gosto.

Confira a consistência da carne moída – ela deve ficar um pouco úmida, já que ainda vai secar no forno. Adicione o molho inglês e o molho de hortelã, prove e tempere a gosto. Espalhe as ervilhas sobre a carne moída, de modo que elas cubram a superfície, para impedir que o purê afunde muito na carne. Distribua colheradas de purê por cima, utilizando um garfo para espalhá-lo e criar texturas altas e baixas, aumentando a área das partes que ficarão crocantes. Asse por 50 minutos, ou até que fique dourado e borbulhante. Fica ótimo com verduras da estação!

CALORIAS	GORDURA	G. SATURADA	PROTEÍNA	CARBOIDRATO	AÇÚCAR	SAL	FIBRA	4 PORÇÕES LEG., VERDURAS & FRUTAS
436 kcal	12,2 g	5 g	31,2 g	51,2 g	15,2 g	0,4 g	11,8 g	

SUPER-HAMBÚRGUERES ITALIANOS COM CEBOLA NO BALSÂMICO, MUÇARELA & SALADA

— O segredo aqui é utilizar carne moída magra, que oferece tanta proteína quanto os cortes com mais gordura, incrementada com feijão-branco. Nós até usamos um pouco de muçarela! —

SERVE 6
40 MINUTOS

2 cebolas roxas pequenas

100 ml de vinagre balsâmico

500 g de carne bovina magra moída

1 lata de feijão-branco (400 g)

1 ovo grande

6 pães de hambúrguer integrais

2 colheres (sopa) de gergelim

½ repolho branco pequeno (500 g)

3 colheres (sopa) de iogurte natural

1 colher (chá) cheia de mostarda

1 colher (chá) de pimenta-vermelha em flocos

1 limão-siciliano

azeite de oliva extravirgem

1 bola de queijo muçarela (125 g)

2 ramos de alecrim

2 tomates maduros

100 g de rúcula

Preaqueça o forno a 200 °C. Descasque as cebolas, corte em rodelas finas e coloque em uma tigela. Adicione o vinagre balsâmico e 2 boas pitadas de sal para retirar o excesso de água.

Coloque a carne moída em uma tigela com 1 pitada grande de pimenta-do-reino e 1 pitada pequena de sal. Escorra o feijão e junte à carne na tigela. Separe o ovo e adicione a gema à carne, depois amasse bem todos os ingredientes com as mãos. Bata a clara, corte os pães ao meio, junte de novo as metades, pincele a parte superior com a clara e polvilhe com as sementes de gergelim (você pode até criar um estêncil, se quiser envolver as crianças no preparo).

Fatie o repolho bem fino, de preferência com o mandolim (use a proteção). Em uma tigela grande, misture o repolho com o iogurte, a mostarda, os flocos de pimenta, o suco do limão e 1 pitada de pimenta-do-reino.

Divida a mistura de carne em seis bolas do mesmo tamanho. Coloque em fogo médio-alto duas frigideiras grandes, antiaderentes, que possam ir ao forno (ou cozinhe em etapas). Adicione 1 colher (chá) de azeite em cada frigideira e acomode três bolas de carne em cada uma, achate-as ligeiramente dando o formato de hambúrguer com cerca de 2 cm de espessura. Frite por 2 minutos, ou até que dourem, e vire para dourar o outro lado. Cubra cada hambúrguer com uma fatia de muçarela e polvilhe com as folhas de alecrim. Leve as frigideiras ao forno por 2 minutos para que a muçarela derreta, junto com os pães, para aquecê-los. Fatie os tomates, arrume sobre as bases de pão e coloque por cima os hambúrgueres com queijo e alecrim e a cebola escorrida. Cubra com a metade superior do pão e sirva com a salada de repolho e a rúcula.

CALORIAS	GORDURA	G. SATURADA	PROTEÍNA	CARBOIDRATO	AÇÚCAR	SAL	FIBRA	2 PORÇÕES LEG., VERDURAS & FRUTAS
446 kcal	15,6 g	6 g	34,5 g	38,9 g	11,3 g	1,5 g	10 g	

FAJITAS DE FRANGO COM BERINJELA & PIMENTÃO DEFUMADOS COM MOLHO

— Escolher peitos de frango bem magros é a chave para preparar essas fajitas, uma boa fonte de proteínas, assegurando que nossos músculos permaneçam fortes e saudáveis. —

SERVE 4

40 MINUTOS
MAIS A MARINADA

azeite de oliva extravirgem

1 colher (sopa) de vinagre de vinho tinto

1 colher (chá) de molho de pimenta

1 colher (chá) de orégano seco

2 colheres (chá) de páprica doce defumada

2 dentes de alho

1 cebola grande

2 filés de frango, sem pele (200 g cada)

1 berinjela grande

3 pimentões de cores diferentes

2 limões-taiti

1 punhado de coentro (30 g)

1 avocado maduro

4 tortilhas grandes de farinha de trigo integral

50 g de queijo feta

Coloque em uma tigela 1 colher (sopa) de azeite, o vinagre, o molho de pimenta, o orégano, a páprica, 1 pitada de sal e 1 pitada de pimenta-do-reino. Passe os dentes de alho com casca por um espremedor e acrescente à tigela, misturando. Descasque a cebola, corte ao meio e depois em fatias de 1 cm de espessura. Corte o frango ao comprido em fatias de 1 cm de espessura e misture ambos com a marinada. Deixe na geladeira por pelo menos 1 hora ou, de preferência, por uma noite.

Toste a berinjela e os pimentões inteiros diretamente sobre a chama do fogão, ou em uma frigideira de grelhar sobre fogo alto, até que fiquem queimados e enrugados. Coloque os pimentões em uma tigela e cubra com filme plástico por 10 minutos, depois raspe a pele escurecida, corte ao meio e descarte os talos e as sementes. Retire a casca da berinjela e apare as extremidades. Corte a berinjela e os pimentões em fatias de 2 cm de espessura, coloque em uma travessa com o suco de 1 limão e algumas folhas de coentro. Prove e tempere a gosto com sal e pimenta-do-reino.

Cozinhe o frango e a cebola junto com aquela adorável marinada em uma frigideira grande antiaderente sobre fogo médio-alto, por 6 a 8 minutos, ou até que fique cozido por dentro, virando no meio do cozimento. Descasque o avocado, retire o caroço, fatie finamente e esprema por cima o suco de ½ limão. Aqueça as tortilhas em uma frigideira seca por 30 segundos, depois mantenha-as aquecidas, envolvidas por um pano de prato dobrado. Leve tudo à mesa, com o queijo feta e as folhas de coentro que restaram, e deixe que cada um se sirva.

CALORIAS	GORDURA	G. SATURADA	PROTEÍNA	CARBOIDRATO	AÇÚCAR	SAL	FIBRA	2 PORÇÕES
448 kcal	16,4 g	5,1 g	34,1 g	39,4 g	11,1 g	1,5 g	10,7 g	LEG., VERDURAS & FRUTAS

TORTA DE CAMARÃO & SALMÃO COM PURÊ DE BATATA & BATATA-DOCE

Tanto o salmão quanto o camarão são super-ricos em vitamina B12, necessária para exercer nossas funções psicológicas. E o salmão é também uma fonte de gordura boa para o coração.

SERVE 6

1 HORA 20 MINUTOS

1 tira de bacon defumado

azeite de oliva extravirgem

1 cenoura grande

1 maço de cebolinha-verde

½ maço de salsa fresca (15 g)

2 colheres (sopa) de farinha de trigo

600 ml de leite semidesnatado

2 colheres (chá) de mostarda--inglesa

400 g de espinafre congelado picado

4 filés de salmão, sem pele e sem espinhas (120 g cada)

200 g de camarão grande, limpo e sem casca

400 g de ervilha congelada

125 g de queijo feta

600 g de batata-doce

600 g de batata

Preaqueça o forno a 180 °C. Corte o bacon em tiras finas, coloque-o em uma assadeira grande (30 cm × 35 cm) com 1 colher (chá) de azeite e leve ao fogo médio (começar a cozinhar o bacon na assadeira fria ajuda a gordura a se desprender). Lave e apare a cenoura e pique em cubos de 1 cm e corte as cebolinhas em pedaços de 1 cm. Quando o bacon estiver ligeiramente dourado, acrescente a cenoura e a cebolinha picadas à assadeira. Pique fino os talos de salsa e acrescente também. Cozinhe por 10 minutos para amolecer, mexendo regularmente, então acrescente a farinha. Despeje devagar o leite e aqueça até ferver levemente, depois misture a mostarda e o espinafre congelado picado. Cozinhe em fervura baixa por 5 a 10 minutos, ou até que o espinafre tenha descongelado completamente. Pique o salmão em pedacinhos, corte os camarões ao meio, pique fino as folhas de salsa e misture tudo ao molho. Junte a ervilha congelada, esmigalhe o queijo feta por cima e desligue o fogo.

Enquanto isso, lave as batatas-doces e as batatas com uma escovinha (mantenha a casca para um benefício nutricional extra) e pique tudo em pedaços de 3 cm. Cozinhe em uma panela grande com água salgada fervente por 15 minutos, ou até que fiquem cozidas, então escorra e amasse bem, prove e tempere a gosto. Distribua delicadamente o purê sobre o recheio de peixe, espalhando-o com um garfo. Asse por 40 minutos, ou até que fique dourado e crocante, borbulhando nas bordas.

CALORIAS	GORDURA	G. SATURADA	PROTEÍNA	CARBOIDRATO	AÇÚCAR	SAL	FIBRA	3 PORÇÕES LEG., VERDURAS & FRUTAS
537 kcal	17,8 g	6 g	39 g	58,2 g	16 g	1,5 g	9,6 g	

SANDUÍCHE SAUDÁVEL DE BATATA-DOCE COM QUEIJO, AVOCADO & KETCHUP

— Usar o pão integral com alto teor de fibras e preparar o seu ketchup, rico em vitamina C e sem a adição de açúcar, transforma este sanduíche em uma comida saudável. —

SERVE 2
40 MINUTOS

1 batata-doce grande (350 g)

azeite de oliva extravirgem

1 colher (sopa) de vinagre de maçã

1 colher (sopa) de amêndoa moída

10 g de queijo cheddar curado ralado

3 tomates maduros

2 colheres (chá) de molho de pimenta chipotle

½ maço de manjericão (15 g)

½ avocado maduro

½ limão-taiti

2 colheres (sopa) cheias de iogurte natural

4 fatias finas de pão integral (35 g cada)

Preaqueça o forno a 200 °C. Lave a batata-doce (mantendo a casca para um benefício nutricional extra) esfregando-a com uma escovinha e corte em 8 fatias. Em uma assadeira, misture as fatias de batata com 1 colher (sopa) de azeite, o vinagre e 1 pitadinha de sal, depois arrume as fatias em uma única camada e asse por 30 minutos, ou até que doure e cozinhe por dentro. Polvilhe com a amêndoa moída e o queijo ralado e leve de volta ao forno por mais 5 minutos.

Enquanto isso, para o ketchup, faça um talho em formato de cruz na pele de cada tomate em uma tigela e cubra-os com água fervente. Depois de 2 minutos, escorra, retire a pele cuidadosamente, corte cada tomate em quatro partes e elimine as sementes. Passe a polpa de tomate para uma panela sobre fogo médio-alto com 1 colher (sopa) de azeite e o molho de pimenta chipotle. Cozinhe em fervura baixa por 15 minutos, ou até que fique consistente, doce e delicioso, mexendo ocasionalmente.

Coloque as folhas de manjericão, sem os talos, em um almofariz, junte 1 pitada de sal e triture. Descasque o avocado, retire o caroço e amasse a polpa, depois misture com uma espremida de suco de limão e o iogurte. Espalhe a mistura de avocado sobre as 4 fatias de pão, como se fosse manteiga, em seguida coloque uma porção do ketchup sobre 2 fatias de pão. Disponha por cima as fatias de batata-doce com queijo crocante, cubra com a outra fatia de pão e mande ver!

CALORIAS	GORDURA	G. SATURADA	PROTEÍNA	CARBOIDRATO	AÇÚCAR	SAL	FIBRA	2 PORÇÕES LEG., VERDURAS & FRUTAS
582 kcal	26,4 g	5,5 g	14,9 g	71,4 g	18,5 g	1,5 g	7 g	

TACOS DE FRANGO COM FEIJÃO, AVOCADO, MILHO & TOMATE

— Tanto o feijão quanto a farinha de trigo são ricos em ferro, que o nosso cérebro precisa para a função cognitiva – que abrange todos os processos intelectuais, da memória ao raciocínio. —

SERVE 4
30 MINUTOS

250 g de farinha de trigo integral

azeite de oliva extravirgem

1 colher (chá) de semente de cominho

1 lata de feijão-preto em conserva (400 g)

1 maço de cebolinha-verde

1 maço de coentro (30 g)

1 avocado maduro

2 espigas de milho

320 g de frango cozido em água (veja página 230)

220 g de tomate-cereja maduro

2 limões-taiti

1 pote de pimenta jalapeño, fatiada, em conserva (220 g)

4 colheres (sopa) cheias de iogurte natural

Em uma tigela, misture a farinha de trigo com 1 colher (sopa) de azeite, 150 ml de água e 1 pitada de sal, depois trabalhe a massa com as mãos sobre uma superfície enfarinhada até que fique uniforme. Enrole doze bolas do mesmo tamanho e cubra com um pano de prato limpo.

Toste as sementes de cominho em uma panela sobre fogo médio por 1 minuto, depois acrescente o feijão-preto (com o líquido da conserva). Deixe cozinhar em fogo baixo, amassando os grãos de feijão quando estiverem macios e afinando o caldo com uma borrifada de água, se necessário. Pique a cebolinha-verde e os talos de coentro. Corte a polpa do avocado em cubos e, com uma faca afiada, corte as sementes de milho da espiga. Aqueça tudo junto em uma frigideira grande em fogo médio-baixo com 1 colher (sopa) de azeite. Pique o frango e adicione à frigideira, mexendo de vez em quando.

Corte os tomates em quatro partes e regue com o suco de 1 limão. No liquidificador, processe a pimenta jalapeño e seu líquido da conserva com a maior parte das folhas de coentro até que fique super-homogêneo. Em seguida, retorne para o pote da pimenta (você só precisará de 1 colherinha por porção, guarde o restante na geladeira).

Coloque uma frigideira antiaderente sobre o fogo mais alto possível. Amasse uma das bolas de massa até obter um círculo fino (15 cm de diâmetro) e cozinhe por apenas 20 segundos de cada lado, de modo que fique macio e flexível. Amasse a bola seguinte enquanto estiver cozinhando a primeira, empilhando os círculos sobre papel-alumínio. Leve tudo à mesa, com o iogurte e gomos de limão, deixando que cada um monte o seu próprio taco.

CALORIAS	GORDURA	G. SATURADA	PROTEÍNA	CARBOIDRATO	AÇÚCAR	SAL	FIBRA	2 PORÇÕES LEG., VERDURAS & FRUTAS
600 kcal	22,6 g	5,2 g	39,9 g	60,7 g	8,2 g	0,8 g	14,3 g	

YUM

CHILLI VEGETARIANO DEFUMADO COM ALFACE & BATATA COM QUEIJO

O cacau em pó adiciona mais profundidade ao sabor e deixa o prato mais nutritivo. Ele é rico em cobre, que nós precisamos para manter a pele e o cabelo saudáveis.

SERVE 8

1 HORA 45 MINUTOS

2 cebolas

azeite de oliva extravirgem

1 colher (chá) cheia de semente de cominho

2 colheres (chá) de páprica defumada

2 colheres (chá) de cacau em pó

1 colher (sopa) cheia de manteiga de amendoim

1-2 pimentas-malaguetas frescas

3 pimentões de cores diferentes

2 batatas-doces (300 g cada)

1 maço de coentro fresco (30 g)

2 latas de feijão-branco em conserva (400 g cada)

3 latas de tomate pelado (400 g cada)

8 batatas pequenas para assar

140 g de queijo cheddar curado

4 pés de alface baby lisa

8 colheres (sopa) de iogurte natural

Coloque uma caçarola grande sobre fogo médio-alto e uma frigideira de grelhar ao lado dela sobre fogo alto. A ideia aqui é preparar em porções, começando por grelhar os legumes na frigideira, a fim de adicionar um toque defumado ao sabor. Descasque as cebolas e corte em cubos de 1 cm, grelhe na frigideira por 3 minutos, depois passe para a caçarola junto com 2 colheres (sopa) de azeite, o cominho, a páprica, o cacau e a manteiga de amendoim, mexendo algumas vezes. Corte as pimentas em fatias de 1 cm e grelhe. Retire as sementes dos pimentões e pique-os. Corte as batatas-doces em pedaços de 2 cm (mantenha a casca para um benefício nutricional extra, apenas lave e esfregue bem). Reserve a pimenta grelhada, grelhe os demais ingredientes e passe-os à caçarola. Pique fino os talos de coentro e acrescente à panela.

Preaqueça o forno a 180 °C. Escorra o feijão em uma peneira sobre a caçarola, a fim de acrescentar o líquido da conserva à mistura, e espalhe os grãos de feijão na grelha. Tenha fé e deixe-os ali sem mexer até que eles comecem a tostar e estourar, então acrescente-os à panela. Adicione os tomates, desfazendo-os com uma colher de pau. Mexa bem, deixe a panela meio tampada e cozinhe por 1 hora, ou até que fique espesso, mexendo de vez em quando. Enquanto isso, lave as batatas, espete-as com um garfo e asse por 1 hora, ou até que fiquem crocantes por fora e macias por dentro.

Pique as folhas de coentro e misture com a pimenta grelhada. Faça um corte em cruz sobre cada batata, puxando a casca na base para que abram, e rale o queijo por cima. Sirva a caçarola no centro da mesa e cada batata com uma boa porção de pimenta com coentro, algumas folhas de alface e uma colherada de iogurte.

CALORIAS	GORDURA	G. SATURADA	PROTEÍNA	CARBOIDRATO	AÇÚCAR	SAL	FIBRA	5 PORÇÕES LEG., VERDURAS & FRUTAS
445 kcal	14,2 g	5,8 g	17,9 g	65,1 g	18,1 g	0,7 g	11 g	

FRANGO À KIEW SAUDÁVEL COM BATATAS PEQUENAS & LEGUMES

Eu transformei o clássico frango à Kiew em comida saudável, substituindo a manteiga usual do recheio pelo cream cheese, mais leve – o resultado foi incrível.

SERVE 4
45 MINUTOS

1 dente de alho

50 g de cream cheese

1 limão-siciliano

30 g de queijo parmesão

4 talos de salsa fresca

4 filés de frango, sem pele (120 g cada)

2 fatias de pão integral (50 g cada)

azeite de oliva

50 g de farinha de trigo

1 ovo grande

650 g de batata pequena, nova

650 g de legumes e verduras variados, como cenoura pequena, ervilha, brócolis

azeite de oliva extravirgem

Preaqueça o forno a 200 °C. Para o recheio, passe o alho com a casca pelo espremedor e coloque em uma tigela pequena junto com o cream cheese. Rale bem fino a casca do limão e 5 g de queijo parmesão na tigela, e esprema um pouco de suco de limão. Pique fino as folhas de salsa, adicione e misture bem, prove e tempere a gosto. Faça um corte profundo na parte mais grossa de cada filé de frango formando uma bolsa. Com uma colher, coloque o recheio dentro dos cortes e pressione as bordas para selar bem.

Em um processador de alimentos, transforme o pão em farelo, junte o restante do queijo parmesão e 1 colher (sopa) de azeite de oliva, depois passe essa mistura para uma assadeira baixa. Coloque a farinha de trigo em um prato, e bata o ovo em uma tigela rasa. Um a um, cubra cada filé de frango recheado com farinha, sacuda para retirar o excesso, depois mergulhe delicadamente no ovo batido. Escorra o excesso, vire e pressione o filé de frango sobre o farelo de pão até ficar bem coberto. Repita o processo com os filés restantes (você pode mantê-los assim na geladeira por dois dias, se quiser preparar com antecedência). Arrume-os em uma assadeira e asse por 30 minutos, ou até que fiquem dourados e cozidos por dentro.

Enquanto isso, cozinhe as batatas em uma panela grande com água fervente salgada por 15 a 20 minutos, ou até que fiquem tenras. Lave e descasque as cenouras, corte-as ao comprido e adicione à panela nos últimos 8 minutos. Cozinhe a ervilha e o brócolis dentro de um escorredor sobre a panela, por 5 a 10 minutos. Escorra tudo e deixe secar por 2 minutos, misture em uma tigela grande com 1 colher (sopa) de azeite de oliva extravirgem e o restante do suco de limão. Sirva os legumes e verduras com o frango à Kiew.

CALORIAS	GORDURA	G. SATURADA	PROTEÍNA	CARBOIDRATO	AÇÚCAR	SAL	FIBRA	2 PORÇÕES LEG., VERDURAS & FRUTAS
527 kcal	16,4 g	4,9 g	45,7 g	50,9 g	7,5 g	0,8 g	8,4 g	

BOLINHOS DE PEIXE COM BATATA-DOCE, SALADA COM QUEIJO & MOLHO DE PIMENTÃO

Peixe branco é uma ótima opção para fazer estes bolinhos, uma vez que tem baixo teor de gordura e é supernutritivo. Atum, bacalhau, linguado e cavala são ricos em iodo.

SERVE 4

1 HORA 10 MINUTOS

500 g de batata

500 g de batata-doce

2 pimentões vermelhos

azeite de oliva extravirgem

2 colheres (chá) de molho de pimenta chipotle

500 g de filé de peixe branco, sem pele e sem espinhas

azeite de oliva

1 pepino

1 alface-americana

1 colher (chá) cheia de mostarda

4 colheres (sopa) cheias de iogurte natural

1 colher (sopa) de vinagre de vinho branco

40 g de queijo feta

½ maço de hortelã fresca (15 g)

1 limão-siciliano

Lave as batatas e as batatas-doces (mantendo a casca para um benefício nutricional extra), esfregando com uma escovinha, pique em pedaços de 3 cm e cozinhe em água fervente salgada por 15 minutos, ou até que fiquem cozidas por dentro. Escorra, deixe secar e esfriar, depois amasse. Enquanto isso, toste os pimentões inteiros diretamente sobre a chama do fogão, virando-os até que fiquem tostados e enrugados. Coloque-os em uma tigela e cubra com filme plástico por 10 minutos, depois raspe a pele escurecida, descartando as sementes. Pique bem os pimentões, regue com 1 colher (sopa) de azeite de oliva extravirgem e o molho de pimenta, e reserve.

Pique o peixe em cubos de 1 cm, misture com o purê frio e tempere com sal e pimenta-do-reino. Divida a mistura em oito bolas do mesmo tamanho e achate para que fiquem com 3 cm de espessura. Coloque duas frigideiras de grelhar antiaderentes em fogo médio-baixo com 1 colher (sopa) de azeite de oliva em cada uma (ou trabalhe em lotes). Cozinhe quatro bolinhos em cada frigideira, por 5 minutos de cada lado, ou até que fiquem dourados e cozidos por dentro, virando-os com uma escumadeira – se eles quebrarem ou racharem um pouco, não se desespere, esses bolinhos são rústicos.

Enquanto isso, descasque o pepino, corte-o ao meio pelo comprimento e retire o miolo com as sementes, depois corte em fatias de 0,5 cm de espessura. Corte a alface em tiras de 1 cm de largura. Em uma tigela, junte o pepino e a alface e regue com a mostarda, o iogurte e o vinagre, tempere a gosto e esmigalhe o queijo feta por cima. Pique parte das folhas de hortelã e misture à salada. Sirva os bolinhos e o molho de pimentão decorados com folhinhas de hortelã, uma boa porção de salada e pedaços de limão para espremer por cima.

CALORIAS	GORDURA	G. SATURADA	PROTEÍNA	CARBOIDRATO	AÇÚCAR	SAL	FIBRA	3 PORÇÕES LEG., VERDURAS & FRUTAS
423 kcal	8,6 g	2,7 g	32,5 g	56,9 g	16 g	7 g	8,4 g	

FALSA PIZZETTA DE ABOBRINHA COM PRESUNTO CRU, ERVA-DOCE & RÚCULA

Naqueles dias em que nada dá certo, esta falsa pizzetta super-rápida nos oferece aquela sensação de conforto, e utilizando a farinha integral aumentamos o consumo de fibras.

SERVE 2
25 MINUTOS

100 g de farinha integral com fermento

100 g de farinha de trigo com fermento, mais um pouco para polvilhar

6 colheres (sopa) de molho de tomate com 7 legumes (veja página 234)

½ abobrinha

125 g de muçarela fresca

opcional: 1 pimenta-vermelha fresca

1 bulbo pequeno de erva-doce (250 g)

50 g de rúcula

1 limão-siciliano

azeite de oliva extravirgem

2 fatias de presunto cru

1 colher (sopa) de vinagre balsâmico

Preaqueça o grill do forno na temperatura máxima. Coloque uma frigideira que possa ir ao forno em fogo alto. Misture as farinhas em uma tigela, junte 1 pitada de sal e gradualmente vá adicionando 150 ml de água, mexendo sem parar até obter uma bola de massa. Amasse com as mãos por apenas 1 minuto sobre uma superfície limpa polvilhada com farinha, divida a massa ao meio e abra cada metade até obter um disco com 1 cm de espessura. Acomode um disco de massa sobre a frigideira seca e pressione a ponta dos dedos gentilmente na massa para criar ondulações. Cozinhe por 3 minutos, ou até que a base da massa comece a dourar, enquanto isso espalhe por cima metade do molho de tomate. Corte a abobrinha em fatias bem finas e arrume metade das fatias sobre a pizzetta. Rasgue metade da muçarela por cima e adicione algumas fatias de pimenta-vermelha (se for usar). Transfira a frigideira para o forno por 4 a 5 minutos, ou até que fique dourada e borbulhante.

Enquanto isso, fatie fino o bulbo de erva-doce, idealmente com um mandolim (use a proteção) ou um ralador quadrado. Em uma tigela, misture a erva-doce com a rúcula, e tempere com suco de ½ limão e 2 colheres (chá) de azeite extravirgem. Divida entre dois pratos, embalando cada maço de salada em uma fatia de presunto cru. Retire a pizzetta do forno e transfira para um prato, regue com metade do vinagre balsâmico e coloque ao lado um gomo de limão. Sirva logo a primeira, enquanto você prepara a segunda pizza.

Opção vegetariana

Não use o presunto cru e adicione um punhado de pinoli, de modo a continuar com uma boa dose de proteína.

CALORIAS	GORDURA	G. SATURADA	PROTEÍNA	CARBOIDRATO	AÇÚCAR	SAL	FIBRA	2 PORÇÕES LEG., VERDURAS & FRUTAS
516 kcal	13,4 g	5,5 g	23,6 g	79,9 g	10,9 g	1,5 g	7,3 g	

TORTA FILO DE RATATOUILLE COM RICOTA, MANJERICÃO & AMÊNDOA

— As amêndoas fornecem a dose de proteína e, além de serem ricas em micronutrientes, são uma fonte de gorduras insaturadas, mantendo o nosso colesterol e coração saudáveis. —

SERVE 4

1 HORA 20 MINUTOS

azeite de oliva

2 cebolas roxas

2 pimentões de cores diferentes

2 abobrinhas

1 berinjela grande

2 dentes de alho

4 azeitonas pretas (com caroço)

2 latas de tomate pelado (400 g cada)

½ maço de manjericão fresco (15 g)

6 folhas de massa filo (270 g)

250 g de ricota

50 g de amêndoa moída

Preaqueça o forno a 180 °C. Coloque uma caçarola grande e larga em fogo alto com 1 colher (sopa) de azeite. Descasque as cebolas, retire as sementes dos pimentões, apare as abobrinhas e a berinjela, depois pique tudo em pedaços de 3 cm e junte à panela. Descasque o alho, fatie finamente e adicione. Remova o caroço das azeitonas, esmague-as e rasgue-as dentro da panela. Cozinhe por 20 minutos, mexendo regularmente, para reduzir o excesso de líquido. Despeje os tomates da lata e deixe ferver, esmagando com uma colher de pau. Ferva em fogo alto por 15 minutos, ou até que fique com textura espessa, acrescente as folhas de manjericão, prove e tempere a gosto.

Trabalhando rapidamente, unte com um fio de azeite uma forma de torta de 25 cm de diâmetro. Acomode 4 folhas de massa filo, sobrepondo-as e deixando que parte delas fique pendurada para fora da forma. Despeje o ratatouille, espalhe aleatoriamente a ricota desmanchada e polvilhe com três quartos da amêndoa moída. Esmague ligeiramente as 2 folhas restantes de massa filo e acomode-as sobre o recheio, depois dobre para cima e amasse as folhas de massa penduradas, a fim de cobrir bem toda a torta. Polvilhe com o restante da amêndoa e asse por 40 a 45 minutos na prateleira inferior do forno, ou até que doure e fique crocante. Sirva com uma salada de folhas da estação temperadas com limão.

CALORIAS	GORDURA	G. SATURADA	PROTEÍNA	CARBOIDRATO	AÇÚCAR	SAL	FIBRA	5 PORÇÕES LEG., VERDURAS & FRUTAS
505 kcal	19,8 g	5,8 g	21,8 g	60,2 g	19,8 g	1,1 g	9 g	

SALADAS

Saladas saudáveis épicas, cheias de cores, texturas e sabores incríveis

SUPERSALADA DE ATUM E MASSA COM QUEIJO & CROCANTE DE PIMENTA-DE-CAIENA

— O atum nos fornece vitamina D, o que ajuda nosso corpo a absorver o cálcio do queijo feta e do iogurte natural, e são justamente eles que tornam esta salada tão cremosa e deliciosa. —

SERVE 4
25 MINUTOS

1 cebola roxa pequena

2 limões-sicilianos

250 g de macarrão tipo conchinha

350 g de brócolis

1 fatia de pão integral (50 g)

½ colher (chá) de pimenta-de-caiena

1 pepino

½ maço de endro (dill) ou de cebolinha-francesa (15 g)

4 colheres (sopa) de iogurte natural

2 latas de atum sólido em água e sal (120 g cada)

50 g de queijo feta

Descasque a cebola e pique fino, coloque em uma tigela grande com 1 pitada de sal e pimenta-do-reino, esprema todo o suco de limão por cima e reserve.

Cozinhe o macarrão em uma panela grande com água fervente de acordo com as instruções da embalagem. Separe os buquês de brócolis dos talos, corte fora a extremidade dura dos talos, corte os talos ao comprido e coloque na panela para cozinhar junto com o macarrão. Pique os buquês de brócolis em pedaços pequenos, adicionando-os também à panela somente no último minuto de cozimento.

Enquanto isso, passe o pão e a pimenta-de-caiena em um processador de alimentos, depois toste o farelo obtido em uma frigideira antiaderente seca sobre fogo médio até que fique crocante e dourado, mexendo regularmente. Descasque o pepino, corte ao meio no sentido do comprimento e, raspando com uma colher, retire as sementes, depois corte em fatias finas. Pique bem o endro. Misture o iogurte e a cebola com limão, depois adicione o pepino e o endro. Escorra o macarrão e os brócolis, pique os talos de brócolis e adicione tudo à tigela. Escorra o atum e desmanche em flocos, misture bem, prove e tempere a gosto. Divida entre as tigelas e sirva polvilhado com o queijo feta esmigalhado e o crocante quente.

CALORIAS	GORDURA	G. SATURADA	PROTEÍNA	CARBOIDRATO	AÇÚCAR	SAL	FIBRA	2 PORÇÕES LEG., VERDURAS & FRUTAS
411 kcal	6,2 g	2,7 g	33 g	58,9 g	8,8 g	1,5 g	6,4 g	

SALADA DE FRANGO TANDOORI COM MOLHO DE IOGURTE E HORTELÃ & PAPARIS

O arroz integral é a fantástica base nutritiva desta receita – uma grande fonte de vitaminas e minerais, incluindo o selênio que é bom para o funcionamento eficiente do sistema imunológico.

SERVE 4

45 MINUTOS

4 filés de frango, sem pele (120 g cada)

4 colheres (chá) de pasta de curry tandoori

250 g de arroz integral

1 cebola roxa pequena

1 colher (sopa) de vinagre de vinho branco

½ maço de hortelã fresca (15 g)

1 pimenta-vermelha fresca

4 colheres (sopa) cheias de iogurte natural

2 limões-sicilianos

1 colher (sopa) de semente de mostarda-preta

1 colher (chá) de semente de cominho

400 g de tomate-cereja maduro

2 cenouras

2 pés de alface baby

4 paparis não cozidos

Faça leves cortes em formato de cruz em ambos os lados de cada filé de frango, esfregue a carne com a pasta tandoori e 1 pitada de sal, massageando para o sabor penetrar e reserve. Cozinhe o arroz em uma panela larga com água fervente salgada de acordo com as instruções da embalagem, então escorra e deixe secar em uma tigela grande. Descasque a cebola, corte ao meio e depois em fatias finíssimas. Em uma tigela, esmague a cebola com o vinagre e 1 pitada de sal.

Rasgue as folhas de hortelã dentro do liquidificador, acrescente a pimenta--vermelha fatiada, o iogurte e o suco de 1 limão, junte o caldo da cebola, processe até ficar homogêneo e despeje de volta sobre a cebola. Toste as sementes de mostarda e de cominho em uma frigideira grande antiaderente sobre fogo médio-alto e acrescente ao molho. Arrume o frango na frigideira em uma só camada e frite sem óleo por 4 minutos de cada lado, ou até que fique lindamente tostado. Ao virá-lo, adicione as metades de limão restantes ao lado. Quando estiver pronto, transfira o frango para um prato, esprema o suco do limão por cima, deixe descansar por 2 minutos e fatie.

Corte os tomates-cereja ao meio ou em quatro partes e junte à tigela do arroz. Com um ralador ou descascador de legumes, corte as cenouras em tiras finas e adicione à tigela. Coloque a cebola por cima e misture tudo, prove e tempere a gosto, então amontoe no centro de um prato grande. Apare os pés de alface, destaque as folhas e acomode-as ao redor da salada com as fatias de frango. Um a um, aqueça os paparis secos no micro-ondas por 30 segundos cada, rasgue-os sobre a salada e mande ver!

CALORIAS	GORDURA	G. SATURADA	PROTEÍNA	CARBOIDRATO	AÇÚCAR	SAL	FIBRA	2 PORÇÕES LEG., VERDURAS & FRUTAS
507 kcal	10,3 g	2,2 g	39,3 g	70,5 g	12,0 g	1,5 g	5,7 g	

SALADA ITALIANA DO JAMIE COM GRÃOS, AVOCADO, BRÓCOLIS & HARISSA

A quinoa e o arroz negro fornecem a deliciosa base sem glúten para esta supersalada. E as gorduras insaturadas saudáveis boas para o coração vêm do mix de sementes.

SERVE 4
30 MINUTOS

200 g de quinoa

100 g de arroz negro

400 g de lentilha cozida

400 g de grão-de-bico cozido

½ bulbo de erva-doce

250 g de beterraba embalada a vácuo

50 g de couve

½ maço de salsa fresca (15 g)

½ maço de hortelã fresca (15 g)

1 colher (sopa) de vinagre de xerez

2 colheres (sopa) de azeite de oliva extravirgem

2 avocados maduros

100 g de brócolis com talos tenros

150 g de queijo cottage

4 colheres (chá) de harissa

50 g de sementes diversas

½ romã

Cozinhe a quinoa e o arroz em panelas com água fervente salgada de acordo com as instruções da embalagem, e escorra. Misture a lentilha e o grão-de-bico escorridos com a quinoa e o arroz em uma tigela grande. Fatie o bulbo de erva-doce, lave a beterraba e corte em quatro, rasgue a couve e acrescente tudo à tigela. Destaque as folhas mais tenras da salsa e da hortelã e coloque em uma xícara com água gelada, depois fatie fino o restante das folhas e adicione à tigela. Tempere com o vinagre, o azeite, sal e pimenta-do-reino. Misture bem e divida entre as tigelas para servir.

Preaqueça uma frigideira de grelhar em fogo alto. Corte os avocados ao meio, retire o caroço e grelhe por 3 a 5 minutos, ou até que estejam com marcas da grelha. Apare os talos dos brócolis, escalde-os por 4 minutos e escorra.

Acomode metade de avocado grelhado sobre cada salada, recheie com o queijo cottage e arrume os brócolis por cima. Regue com colheradas de harissa e polvilhe com as sementes. Segure a romã com a face cortada para baixo e bata na casca com uma colher para que as sementes caiam sobre a salada. Incremente com algumas fatias de frango cozido em água (veja página 230) ou salmão, ou com um pouco de queijo feta esmigalhado.

Legume da estação

Quando estiver na época de beterrabas baby, pegue um maço de cores diversas, lave, esfregue, escalde ligeiramente, depois descasque, corte em quatro partes e asse até que fiquem viscosas, como fazem nos nossos restaurantes.

CALORIAS	GORDURA	G. SATURADA	PROTEÍNA	CARBOIDRATO	AÇÚCAR	SAL	FIBRA	3 PORÇÕES LEG., VERDURAS & FRUTAS
578 kcal	29,1 g	5,8 g	22,9 g	56,2 g	13,5 g	1 g	12,9 g	

SALADA DE NOODLES E CAMARÃO COM MOLHO DE MARACUJÁ & SEMENTES DE GERGELIM

— Podemos obter tudo o que precisamos dos alimentos que comemos! Camarões, por exemplo, fornecem selênio, que a glândula tireoide precisa para manter o sistema metabólico em ordem. —

SERVE 4

30 MINUTOS

12 a 16 camarões grandes (550 g)

200 g de noodles finos de arroz

3 maracujás

1 colher (sopa) de shoyu (molho de soja) com baixo teor de sódio

1 colher (chá) de molho de peixe

1 colher (sopa) de óleo de amendoim

azeite de oliva extravirgem

1 pitada de pimenta-de-caiena

2 dentes de alho

1 pedaço de 2 cm de gengibre

2 limões-taiti

400 g de uma mistura de aspargo, cebolinha-verde e cenoura

100 g de brotos, como de grão-de-bico e de alfafa

1 maço de hortelã fresca (30 g)

2 colheres (chá) de gergelim

4 colheres (sopa) de iogurte natural

Retire a casca do corpo do camarão, mantendo a cabeça e o rabo intactos, depois passe uma faca pequena pelo meio das costas do camarão para remover a tripa. Coloque os noodles em uma tigela e cubra com água fervente para reidratá-los.

Corte os maracujás ao meio e raspe as sementes colocando-as em uma tigela grande. Adicione o shoyu, o molho de peixe, o óleo de amendoim, 1 colher (sopa) de azeite extravirgem e a pimenta-de-caiena. Passe o alho com a casca pelo espremedor sobre a tigela. Descasque o gengibre, rale e adicione à tigela, junte o suco dos limões e misture bem. Coloque 2 colheres (sopa) desse molho sobre os camarões, mexa e deixe marinar.

Elimine a extremidade dura dos aspargos, apare a cebolinha-verde, depois corte os dois em fatias finas. Descasque a cenoura e corte em palitos. Coloque esses ingredientes picados e os brotos no molho restante na tigela. Pique as folhas de hortelã, escorra os noodles e acrescente-os à tigela, misturando tudo muito bem.

Arrume os camarões marinados em uma única camada dentro de uma frigideira grande antiaderente sobre fogo médio-alto. Cozinhe por 6 minutos, virando na metade do tempo e polvilhando com a semente de gergelim. Sirva a salada de noodles colocando por cima os camarões suculentos com as sementes de gergelim e, ao lado, uma colherada de iogurte.

CALORIAS	GORDURA	G. SATURADA	PROTEÍNA	CARBOIDRATO	AÇÚCAR	SAL	FIBRA	2 PORÇÕES LEG., VERDURAS & FRUTAS
367 kcal	9,5 g	2 g	21,1 g	48 g	5,7 g	0,9 g	2,9 g	

SALADA MOURA CROCANTE COM ENVELOPES DE CUSCUZ, LARANJA & HARISSA

Nesta linda salada utilizei três maravilhosas laranjas, não como bônus, mas para fornecer a dose diária recomendada de vitamina C, que ajuda a manter forte o nosso sistema imunológico.

SERVE 4

40 MINUTOS

150 g de cuscuz marroquino integral

1 limão-siciliano em conserva

150 g de cenoura

1 cebola roxa

4 colheres (sopa) de vinagre de vinho branco

½ maço de hortelã fresca (15 g)

4 folhas de massa filo (180 g)

4 colheres (sopa) de iogurte natural

2 colheres (sopa) cheias de manteiga de amendoim

1 limão-taiti

1 colher (chá) cheia de harissa

azeite de oliva extravirgem

40 g de pistache, sem casca

3 laranjas ou laranjas-sanguíneas

1 pé de alface lisa

2 pés de alface baby

Preaqueça o forno a 180 °C. Coloque o cuscuz em uma tigela, acrescente o limão em conserva bem picado, retirando as sementes, cubra com água fervente, acomode um prato por cima e deixe hidratar. Lave as cenouras e corte-as em quatro partes no sentido do comprimento. Descasque a cebola, corte ao meio e depois em fatias finas. Coloque a cenoura e a cebola em uma tigela rasa, junte o vinagre e 1 boa pitada de sal para retirar o excesso de líquido (você escorrerá o líquido, por isso não se preocupe com a quantidade de sal).

Destaque a maior parte das folhas de hortelã, pique bem e misture ao cuscuz, afofando com um garfo, e tempere a gosto. Desenrole a massa filo e, com uma colher, coloque um quarto do cuscuz no meio de cada folha. Dobre no formato de um quadrado, depois dobre novamente a massa criando um envelope. Repita com o restante do cuscuz e da massa filo, acomode os envelopes em uma assadeira e asse por 20 minutos, ou até que fiquem ligeiramente dourados e crocantes. Em uma tigela, misture o iogurte, a manteiga de amendoim, 2 colheres (chá) da calda do limão-siciliano em conserva e o suco do limão-taiti, afinando com um pouco de água, se necessário. Em uma tigela pequena, dilua a harissa em 1 colher (sopa) de azeite. Esmague o pistache em um almofariz. Descasque as laranjas e corte-as em rodelas. Lave as alfaces, apare as bases, depois corte a alface lisa em quatro partes e as alfaces baby ao meio.

Coloque a alface nos pratos e regue com o molho de iogurte. Escorra a cenoura e a cebola e divida entre os pratos, rasgue cada envelope de massa filo ao meio e coloque no prato com algumas fatias de laranja. Regue os envelopes com o azeite de harissa, espalhe o pistache e as folhas de hortelã restantes e mande ver!

CALORIAS	GORDURA	G. SATURADA	PROTEÍNA	CARBOIDRATO	AÇÚCAR	SAL	FIBRA	2 PORÇÕES LEG., VERDURAS & FRUTAS
573 kcal	20,6 g	4,2 g	39,3 g	78,6 g	25,4 g	1,4 g	9,9 g	

SALADA DE LEGUMES TOSTADOS COM CUSCUZ, WRAP, FETA, HORTELÃ, AVELÃ & SEMENTES

Embora o queijo feta seja um ingrediente com alto teor de gordura, utilizá-lo em pequenas quantidades, como faço aqui, pode ser saudável, pois ele fornece cloreto, que ajuda na digestão.

SERVE 4

1 HORA

50 g de avelã, sem pele

25 g de sementes de girassol e de gergelim

½ colher (chá) de cada: semente de erva-doce, semente de cominho, flocos de pimenta-vermelha seca, orégano seco

2 abobrinhas

2 pimentões de cores diferentes

2 tomates grandes maduros

2 cebolas roxas

1 berinjela grande

100 g de cuscuz marroquino integral

1 limão-siciliano

1 colher (sopa) de vinagre de maçã

azeite de oliva extravirgem

1 maço de hortelã fresca (30 g)

4 wraps de tortilha integral

4 colheres (sopa) de iogurte grego

50 g de queijo feta

Comece tostando a avelã, as sementes, os flocos de pimenta e o orégano em uma panela bem larga sobre fogo médio-alto até que exale um cheiro fantástico. Coloque no almofariz e esmague grosseiramente, retornando a panela vazia para o fogo. Coloque as abobrinhas, os pimentões, os tomates, as cebolas descascadas e a berinjela – todos inteiros – dentro da panela seca (utilize duas panelas, se necessário). Toste todos os legumes até ficarem chamuscados, virando-os e transferindo para uma tigela grande quando ficar pronto. Enquanto isso, coloque o cuscuz em uma tigela e rale a casca do limão sobre ele. Cubra com água fervente, acomode um prato por cima e deixe hidratar.

Quando os legumes tiverem esfriado, retire os pedaços grandes de casca tostada que estiverem se desprendendo, mas não se preocupe em tirar tudo. Retire as sementes dos pimentões, depois pique todos os legumes em pedaços (do tamanho de uma mordida) e coloque de novo na tigela, junto com todo o caldo que os legumes desprenderem. Regue com o suco do limão, o vinagre, 2 colheres (sopa) de azeite extravirgem e tempere com sal e pimenta-do-reino. Destaque as folhas de hortelã do ramo (guarde as mais bonitas para decorar o prato), pique e adicione à tigela, depois misture tudo.

Aqueça os wraps em uma frigideira seca por 30 segundos, e sirva à parte. Despeje um pouco do molho dos legumes sobre o cuscuz, afofe com um garfo e divida entre os pratos, assim como os legumes, o iogurte, o queijo feta esmigalhado, a mistura de avelã e as folhas de hortelã reservadas. Fica ótimo com molho de pimenta.

CALORIAS	GORDURA	G. SATURADA	PROTEÍNA	CARBOIDRATO	AÇÚCAR	SAL	FIBRA	4 PORÇÕES LEG., VERDURAS & FRUTAS
568 kcal	25,3 g	6 g	20,7 g	64,2 g	17,4 g	1,5 g	20,7 g	

SUPERSALADA DE COUVE-DE-BRUXELAS, CÍTRICOS, SALMÃO, QUEIJO FETA & AVELÃ

— A incrível couve-de-bruxelas é super-rica em vitamina C, que nós precisamos, junto com o fósforo encontrado no salmão e no cuscuz, para manter nossos ossos fortes e saudáveis. —

SERVE 4
25 MINUTOS

300 g de cuscuz marroquino integral

2 laranjas

1 limão-siciliano

20 g de avelã, sem pele

1 pedaço de filé de salmão, com a pele, sem espinhas e sem escamas (480 g)

200 g de couve-de-bruxelas

100 g de couve-roxa

150 g de cenoura pequena

2 maçãs grandes

1 maço de cebolinha-verde (30 g)

4 colheres (sopa) de iogurte natural

1 colher (sopa) de mostarda com sementes

20 g de queijo feta

Coloque o cuscuz em uma tigela e use o descascador de legumes para cobri-lo com tiras da casca das laranjas e do limão. Cubra com água fervente, acomode um prato por cima e deixe hidratar. Toste a avelã em uma pequena frigideira seca em fogo médio até que doure, depois esmigalhe ligeiramente em um almofariz e reserve até a hora de usar. Retorne a frigideira ao fogo médio. Coloque o salmão com a pele voltada para cima na frigideira seca por 8 minutos, virando na metade do tempo do cozimento. Quando estiver cozido por dentro, retire da frigideira. Retire a pele do salmão, puxando-a lentamente, e coloque apenas a pele de volta na frigideira para fritar até que fique crocante.

Enquanto isso, descarte as folhas externas das couves-de-bruxelas que estiverem machucadas. Elimine os talos duros da couve e lave-a, bem como as cenouras e as maçãs. Apare a cebolinha-verde. Passe tudo pelo fatiador mais fino do processador de alimentos e despeje em uma tigela grande. Esprema por cima o suco do limão-siciliano e de 1 laranja, adicione o iogurte e a mostarda, misture e amasse tudo com as mãos limpas, prove e tempere a gosto.

Remova as cascas cítricas que estão sobre o cuscuz, afofe com um garfo e divida entre os pratos de servir. Acrescente porções da salada e do queijo feta esmigalhado. Desmanche o salmão em lascas, quebre a pele crocante e divida entre os pratos. Espalhe a avelã tostada. Sirva com gomos de laranja, para espremer por cima.

CALORIAS	GORDURA	G. SATURADA	PROTEÍNA	CARBOIDRATO	AÇÚCAR	SAL	FIBRA	2 PORÇÕES LEG., VERDURAS & FRUTAS
598 kcal	20,4 g	4 g	38,8 g	68,7 g	15,8 g	0,6 g	9,3 g	

BIBIMBAP COREANO COM ARROZ, VEGETAIS, FILÉ SUÍNO & MOLHO PICANTE

O filé-mignon suíno é um corte magro que, além de não conter muita gordura saturada, fornece uma boa dose de vitamina B1, que nosso coração precisa para funcionar bem.

SERVE 4

1 HORA

2 colheres (sopa) de gergelim

300 g de arroz integral

1 saquinho de chá de hortelã

4 ovos grandes

1,2 kg de legumes e verduras crocantes, como cenoura, repolho-chinês, minimilho, ervilha-torta, broto de feijão

300 g de filé-mignon suíno

½ pepino

6 rabanetes

1 colher (sopa) de vinagre de arroz

2 colheres (sopa) de molho de pimenta-vermelha

1 colher (chá) de shoyu (molho de soja) com baixo teor de sódio

1 limão-taiti

50 g de espinafre

1 maço de miniagrião

Toste as sementes de gergelim em uma panela funda e larga até que fiquem ligeiramente douradas, e transfira para um prato pequeno. Retorne a panela para o fogo. Adicione o arroz, o saquinho de chá e 1 pitada de sal, cubra com 4 litros de água e cozinhe de acordo com as instruções da embalagem. Quando a água do arroz começar a ferver, afunde cuidadosamente os ovos na água fervente e deixe cozinhar por 5 ½ minutos para que fiquem com a clara cozida, mas com a gema mole, ou ao seu gosto. Retire os ovos da água e acomode uma peneira sobre a panela. Com um descascador de legumes, corte lâminas de cenoura, e pique o repolho-chinês. Um a um, cozinhe os legumes e verduras rapidamente no vapor, deixando-os na peneira por apenas 1 ou 2 minutos. Sacuda-os para eliminar todo o excesso de água e coloque-os em uma travessa. Corte o filé-mignon suíno em fatias finas e vire-as na peneira por 3 a 4 minutos, ou até que cozinhem por dentro.

Enquanto o arroz termina de cozinhar, arranhe a casca do pepino com um garfo, depois corte em rodelas finas. Corte os rabanetes ao meio e misture ambos com o vinagre e 1 pitada de sal dentro de uma tigela. Em uma tigela separada, misture o molho de pimenta e o shoyu com as raspas da casca do limão e metade do seu suco. Corte a metade restante do limão em quatro gomos, empilhe o espinafre, corte o miniagrião e descasque os ovos. Escorra o arroz, reservando o caldo, que você poderá servir em xícaras, ao lado do prato, para um toque nutritivo extra.

Coloque a travessa no centro da mesa com as porções prontas para serem divididas entre as tigelas. A ideia é quebrar os ovos e misturar tudo antes de comer – esta é uma maneira realmente muito divertida de desfrutar de diversos legumes, verduras, condimentos, sabores e texturas!

CALORIAS	GORDURA	G. SATURADA	PROTEÍNA	CARBOIDRATO	AÇÚCAR	SAL	FIBRA	4 PORÇÕES LEG., VERDURAS & FRUTAS
572 kcal	15,3 g	3,8 g	33,9 g	79,4 g	18,4 g	0,7 g	9,4 g	

SALADA DE CAMARÃO & AVOCADO COM BATATA, LEGUMES CROCANTES & AGRIÃO

Meu truque no coquetel de camarão é usar, no lugar da calórica maionese, o iogurte natural – que nos fornece bactérias amigas do intestino – e avocado, para obter um molho cremoso.

SERVE 4

25 MINUTOS

350 g de camarão, fresco ou congelado, descascado e cozido

800 g de batata pequena

1 avocado maduro

6 colheres (sopa) cheias de iogurte natural

2 limões-sicilianos

½ maço de manjericão fresco (15 g)

1 pepino

4 cebolinhas-verdes

½ pé de alface-americana

200 g de tomate-cereja maduro

2 maços de miniagrião

1 colher (sopa) de azeite de oliva extravirgem

200 g de ervilha fresca

1 pimenta-vermelha fresca

Se utilizar camarão congelado, descongele durante a noite na geladeira ou coloque em uma vasilha com água gelada enquanto você prepara o restante da receita, para otimizar o tempo.

Cozinhe a batata em uma panela grande com água fervente salgada por 15 a 20 minutos, ou até que fique cozida, escorra, espere secar, esmague em uma tigela grande e reserve. Enquanto isso, retire o caroço do avocado, coloque a polpa no liquidificador e junte o iogurte e o suco de 1 limão-siciliano. Separe um pequeno punhado das folhas menores do manjericão e coloque em uma xícara de água gelada para usar depois, e adicione o restante das folhas ao liquidificador. Processe tudo até ficar homogêneo, prove e tempere a gosto, afinando com um pouco de água, se necessário.

Descasque o pepino, corte-o ao meio no sentido do comprimento, raspe as sementes e corte em fatias finas. Apare as cebolinhas-verdes e corte em fatias finas. Corte a alface ao meio e depois em tiras finas. Corte os tomates-cereja em quatro partes. Rasgue o miniagrião. Adicione tudo à tigela da batata e regue com o azeite e o suco do limão-siciliano restante. Prove, tempere a gosto e divida entre os pratos de servir.

Escorra bem o camarão, se necessário, junte a ervilha fresca e misture com 2 colheres (sopa) do molho para que fiquem cobertos. Divida em porções, regando elegantemente com o restante do molho. Corte a pimenta-vermelha em fatias finas, espalhe por cima e mande ver!

CALORIAS	GORDURA	G. SATURADA	PROTEÍNA	CARBOIDRATO	AÇÚCAR	SAL	FIBRA	3 PORÇÕES LEG., VERDURAS & FRUTAS
373 kcal	10,6 g	3,6 g	23,8 g	48,1 g	13,1 g	1,5 g	7,4 g	

SALADA QUENTE DE TRUTA DEFUMADA, BATATA, BETERRABA & OVO COZIDO

Esta salada é um ótimo prato pós-academia. A truta é rica em proteína, necessária para construir e reparar nossos músculos. Ela também nos fornece vitamina D.

SERVE 4

25 MINUTOS

800 g de batata pequena

4 ovos grandes

200 g de vagem

1 maço de aspargo (350 g)

6 colheres (sopa) cheias de iogurte natural

2 colheres (sopa) de vinagre de vinho branco

3 colheres (chá) de raiz-forte em conserva

1 maço de cebolinha-francesa (30 g)

1 limão-siciliano

4 filés de truta defumada (70 g cada)

100 g de beterraba baby crua

Lave as batatas, corte ao meio as que forem maiores e cozinhe em uma panela grande com água fervente salgada por 15 a 20 minutos, ou até que estejam cozidas. Enquanto a batata estiver cozinhando, vamos aproveitar ao máximo a água do cozimento para economizar tempo. Lave os ovos e coloque-os para cozinhar na água da batata por 5 ½ minutos, depois transfira-os para uma tigela com água fria (você pode cozinhá-los por mais tempo, se preferir). Apare as extremidades das vagens e junte à panela nos últimos 7 minutos. Elimine a parte dura do talo dos aspargos e adicione à panela para cozinhar junto nos últimos 3 minutos.

Enquanto isso, para o molho, misture o iogurte, o vinagre e a raiz-forte em uma tigela. Pique fino a cebolinha-francesa, adicione a maior parte à tigela e misture bem, acrescente uma boa espremida de suco do limão, prove e tempere a gosto.

Escorra as batatas e os legumes e deixe que sequem alguns minutos. Corte as batatas em pedaços pequenos, fatie as vagens e os aspargos e misture tudo com o molho, despeje sobre uma travessa larga ou divida entre os pratos de servir. Despedace a truta defumada sobre a salada. Descasque as beterrabas e corte em fatias finas, idealmente com o mandolim (use a proteção!) ou com um descascador de legumes, e espalhe. Descasque os ovos, corte ao meio e distribua ao redor, polvilhe com a cebolinha-francesa reservada e esprema por cima o restante do suco de limão.

CALORIAS	GORDURA	G. SATURADA	PROTEÍNA	CARBOIDRATO	AÇÚCAR	SAL	FIBRA	2 PORÇÕES LEG., VERDURAS & FRUTAS
386 kcal	12,3 g	3,4 g	30,9 g	40,4 g	10 g	1,3 g	5,8 g	

SUPERTRAVESSA DE SALADA COM AVOCADO, BATATA-DOCE, BRÓCOLIS & BETERRABA

— Tanto a quinoa quanto a castanha de caju são ricas em cobre, necessário para o transporte do ferro pelo organismo e excelente para o sistema imunológico e o sistema nervoso. —

SERVE 4

1 HORA 20 MINUTOS

1 colher (chá) de semente de cominho

2 batatas-doces pequenas

350 g de brócolis

1 colher (sopa) de azeite de oliva

25 g de castanha de caju

25 g de um mix de sementes de abóbora, girassol e gergelim

250 g de beterraba embalada a vácuo

2 colheres (sopa) de vinagre balsâmico

azeite de oliva extravirgem

300 g de quinoa

1 maço de hortelã fresca (30 g)

1 limão-siciliano

1 avocado maduro

6 colheres (sopa) de iogurte natural

1 maço de miniagrião

Preaqueça o forno a 180 °C. Esmague as sementes de cominho em um almofariz e esfregue nas batatas-doces lavadas. Acomode as batatas-doces em uma assadeira e leve ao forno por 30 minutos. Enquanto isso, elimine a extremidade dura dos talos de brócolis, corte os talos em fatias e os buquês em pedaços grandes. Coloque os brócolis na assadeira junto com as batatas-doces e adicione o azeite de oliva. Asse por mais 30 minutos, ou até que as batatas-doces estejam cozidas por dentro.

Toste as castanhas de caju e o mix de sementes em uma frigideira seca em fogo médio até sentir um aroma fantástico, depois esmigalhe tudo em um almofariz. Esmague a beterraba dentro da embalagem de plástico o máximo que puder, corte a ponta da embalagem e transfira o conteúdo para uma tigela, em seguida adicione o vinagre balsâmico e 1 colher (sopa) de azeite extravirgem. Misture bem, amassando com um garfo. Cozinhe a quinoa de acordo com as instruções da embalagem e escorra bem. Destaque as folhas de hortelã, pique fino (reserve as mais bonitas para decorar) e misture com a quinoa. Acrescente as raspas e o suco do limão e tempere a gosto.

Espalhe a quinoa em uma travessa larga. Quando estiver fria o suficiente para ser manuseada, cubra com pedaços da batata-doce e os brócolis assados. Corte o avocado ao meio e use uma colher (chá) para retirar caracóis de polpa do avocado e distribuir na travessa. Coloque por cima o iogurte, a beterraba temperada, as castanhas e sementes tostadas e as folhas de hortelã reservadas. Acomode no prato porções de miniagrião e sirva.

CALORIAS	GORDURA	G. SATURADA	PROTEÍNA	CARBOIDRATO	AÇÚCAR	SAL	FIBRA	3 PORÇÕES LEG., VERDURAS & FRUTAS
527 kcal	19,8 g	3,6 g	18,5 g	74,2 g	21,8 g	0,4 g	10 g	

SALMÃO CRU & PÃO SUECO COM ERVA-DOCE, MAÇÃ, FAVA & AVOCADO

As favas são fonte de várias vitaminas e minerais, incluindo o ácido pantotênico, que mantém o funcionamento do sistema metabólico e ajuda a evitar a sensação de cansaço.

SERVE 4

20 MINUTOS

1 pedaço de filé de salmão superfresco, sem pele e sem espinhas (400 g)

75 ml de suco de maçã sem açúcar

2 limões-sicilianos

200 g de fava

1 bulbo de erva-doce

1 avocado maduro

1 maçã

1 colher (chá) de mostarda com sementes

1 colher (sopa) de azeite de oliva extravirgem

opcional: ½ maço de endro (dill) fresco (15 g)

4 fatias de pão sueco de centeio ou integral

4 colheres (chá) cheias de cream cheese

Corte o salmão em fatias com pouco menos de 1 cm, acomode as fatias em uma travessa rasa e regue com o suco de maçã. Esprema por cima o suco de ½ limão, adicione 1 pitada de sal e reserve – essa mistura irá curar a carne do peixe bem sutilmente.

Escalde as favas em uma panela de água fervente por 2 minutos, escorra e retire a casca das maiores. Coloque as favas em uma tigela grande. Corte o bulbo de erva-doce em quatro partes, depois em fatias finas e adicione à tigela, reservando as folhas da erva-doce que estiverem mais bonitas. Retire o caroço do avocado e corte-o em gomos retire a parte central da maçã e corte em gomos do mesmo tamanho, depois coloque ambos na tigela e tempere com a mostarda, o azeite extravirgem e o suco de 1 limão. Misture bem, prove e tempere a gosto. Destaque e espalhe por cima as folhas de endro (se for usá-lo) e as folhas de erva-doce reservadas.

Divida a salada e o salmão escorrido entre os pratos e sirva com o pão sueco, o cream cheese e gomos de limão para espremer por cima.

Para variar

Você precisa de um bom carboidrato para apreciar com a salada, por isso, se preferir, experimente biscoitos crackers, pão ou torrada de centeio, ou mesmo um pãozinho francês no lugar do pão sueco.

CALORIAS	GORDURA	G. SATURADA	PROTEÍNA	CARBOIDRATO	AÇÚCAR	SAL	FIBRA	2 PORÇÕES LEG., VERDURAS & FRUTAS
346 kcal	18,7 g	3,8 g	26,8 g	18,7 g	8,6 g	0,8 g	6,8 g	

CURRIES & ENSOPADOS

Pratos substanciosos, nutritivos e saborosos que deixarão, sem sombra de dúvida, qualquer um muito feliz

FRANGO AO CURRY JALFREZI, PIMENTÃO SEM PELE & ARROZ COM TOMATE

— A vitamina C do pimentão, da pimenta e do tomate ajuda na absorção do ferro contido nas especiarias que compõem a minha pasta de curry jalfrezi: você sai ganhando duas vezes! —

SERVE 4
45 MINUTOS

2 colheres (sopa) cheias de pasta ao curry jalfrezi (veja página 236)

3 colheres (sopa) cheias de iogurte grego natural

4 filés de frango, sem pele (120 g cada)

2 pimentas-verdes

3 pimentões de cores variadas

2 colheres (sopa) de vinagre de vinho branco

2 cebolas de cores variadas

300 g de arroz basmati

1 lata de tomate pelado (400 g)

pimenta-de-caiena

½ maço de coentro fresco (15 g)

1 limão-siciliano

Os vidros de pasta de curry indiano são muito práticos e de boa qualidade, mas a pasta preparada por você é ainda melhor (veja página 236). Numa tigela, misture a pasta com 1 colher (sopa) bem cheia de iogurte e 1 pitada de sal. Corte cada filé em 4 pedaços de igual tamanho e coloque na tigela: massageie-os bem e deixe tomar gosto. Para retirar a pele das pimentas e dos pimentões, espete-os com um garfo e segure diretamente sobre a chama do fogão. Transfira para uma tigela, cubra com filme plástico e espere cerca de 10 minutos antes de eliminar a pele de cada pimentão, raspando-o com as costas de uma faca pequena. Elimine o cabo e as sementes e corte-os em pedaços de 4 cm. Raspe e elimine as sementes das pimentas e deixe-as de molho no vinagre.

Descasque as cebolas, corte em quatro, separe as camadas em uma caçarola em fogo médio-alto. Toste por cerca de 8 minutos sem adição de gordura, até que fique chamuscada. Retire a cebola da caçarola e nela coloque os pedaços de frango numa só camada, com a ajuda de um pegador e eliminando o excesso da marinada. Frite por 2 minutos de cada lado, até que estejam dourados. Volte à caçarola a cebola e junte também o pimentão. Cozinhe, mexendo por 2 minutos, para amalgamar os sabores.

Despeje o arroz numa panela com bastante água fervente salgada. Coloque o tomate pelado numa peneira diretamente sobre a panela para que os sucos escorram nela e cozinhe o arroz conforme as instruções da embalagem. Parta os tomates em pedaços e adicione à caçarola com o frango, junte 150 ml de água e cozinhe por 10 a 15 minutos. Acerte o tempero e sirva o curry e o arroz com o iogurte restante, 1 pitada de pimenta-de-caiena, as folhas de coentro, gomos de limão e a pimenta curtida no vinagre.

CALORIAS	GORDURA	G. SATURADA	PROTEÍNA	CARBOIDRATO	AÇÚCAR	SAL	FIBRA	3 PORÇÕES LEG., VERDURAS & FRUTAS
504 kcal	5,4 g	1,5 g	39 g	80,1 g	14,6 g	0,9 g	5,7 g	

SAG ALOO KORMA COM BATATA-DOCE, ACELGA & GRÃO-DE-BICO

— O arroz integral bate o branco em termos de riqueza de vitaminas, inclusive a niacina e a tiamina, do grupo B, que são indispensáveis para o bom funcionamento do sistema nervoso. —

SERVE 4

1 HORA

500 g de batata

500 g de batata-doce

150 g de arroz basmati

azeite de oliva

2 colheres (sopa) cheias de pasta de curry korma (veja página 236)

1 maço de cebolinha-verde

500 g de um mix de acelga e espinafre

400 g de grão-de-bico cozido

400 ml de leite semidesnatado

40 g de queijo feta

4 paparis crus

1 limão-siciliano

Os vidros de pasta de curry indiano são muito práticos e de boa qualidade, mas a pasta preparada por você é ainda melhor (veja página 236). Lave a batata e a batata-doce (mas deixe a casca para aproveitar ao máximo os nutrientes), pique em pedaços de 3 cm e cozinhe numa panela grande, com água fervente salgada, por 15 minutos, ou até ficarem macias. Escorra e deixe secar por 2 minutos.

Em água fervente salgada, cozinhe o arroz conforme instruções da embalagem. Coloque 1 colher (sopa) de azeite e a pasta de curry numa caçarola larga. Leve ao fogo médio e junte as batatas. Deixe cozinhar por 10 minutos, mexendo, até que os pedaços estejam bem dourados e tenham absorvido o sabor do curry (é aqui que você ganha em sabor e textura). Limpe e fatie a cebolinha-verde. Fatie os talos brancos da acelga e rasgue as folhas em pedaços. Aos poucos, junte tudo à panela, inclusive o espinafre, pelo tempo necessário para murcharem. Acrescente o grão-de-bico, o leite e 300 ml de água. Cozinhe em fogo baixo por 15 minutos, ou até o molho engrossar e ficar delicioso, mexendo de vez em quando. Acerte o tempero e esmigalhe por cima o queijo feta.

Logo antes de servir, aqueça os paparis, um de cada vez, no forno de micro--ondas por 30 segundos para que fiquem estufados. Escorra o arroz e faça porções nos pratos, incluindo o korma, e acompanhe com os paparis e gomos de limão para espremer por cima.

CALORIAS	GORDURA	G. SATURADA	PROTEÍNA	CARBOIDRATO	AÇÚCAR	SAL	FIBRA	3 PORÇÕES
600 kcal	14,9 g	4,8 g	21,7 g	101,2 g	16,5 g	1,5 g	11,1 g	LEG., VERDURAS & FRUTAS

FRANGO THAI AO CURRY VERDE, BERINJELA, MINIMILHO & CASTANHA DE CAJU

— Os saborosos peitos de frango fornecem muitas vitaminas do grupo B, necessárias para produzir os glóbulos vermelhos do sangue, assim como nos manter acordados e alertas. —

SERVE 6
45 MINUTOS

1 berinjela grande

2 colheres (sopa) de castanha de caju

2 colheres (chá) de gergelim

3 colheres (sopa) cheias de pasta de curry verde tailandesa (veja página 236)

400 ml de leite de coco light

2 cebolas roxas

175 g de minimilho

4 filés de frango, sem pele (120 g cada)

400 ml de leite semidesnatado

375 g de macarrão integral

2 colheres (chá) de óleo de gergelim

4 ramos de manjericão fresco

1 limão-taiti

Leve uma grelha ao fogo alto. Corte a berinjela em quatro pelo comprimento, e depois em pedaços de 3 cm. Coloque-os sobre a grelha, um pouco por vez, até que fiquem uniformemente chamuscados. Enquanto isso, coloque uma wok ou uma panela grande em fogo médio-alto, junte a castanha de caju e o gergelim, torrando-os rapidamente, até dourarem. Coloque tudo num almofariz e amasse um pouco. Na wok, coloque o curry verde, o leite de coco e a berinjela, quando ficar pronta. Descasque as cebolas, corte em quatro e separe as camadas. Grelhe-as, juntamente com o milho, até que fiquem meio chamuscados, e adicione à wok.

Corte os filés de frango em tiras finas e junte ao molho, adicione também o leite e misture bem. Deixe cozinhar por mais 8 minutos, até o frango ficar macio, mexendo ocasionalmente e, se for necessário, acerte o tempero. Enquanto isso, cozinhe o macarrão, conforme explicado na embalagem, escorra, regue com o óleo de gergelim e divida entre 6 tigelinhas.

Polvilhe com as castanhas e o gergelim amassados sobre o curry, espalhe as folhinhas do manjericão e sirva. Na hora de comer, regue com o suco do limão e delicie-se!

CALORIAS	GORDURA	G. SATURADA	PROTEÍNA	CARBOIDRATO	AÇÚCAR	SAL	FIBRA	2 PORÇÕES LEG., VERDURAS & FRUTAS
512 kcal	13,3 g	6 g	33,2 g	64,3 g	11,5 g	0,7 g	4,4 g	

CURRY GURKA DE LEGUMES COM BERINJELA, BATATA-DOCE & GRÃO-DE-BICO

— O uso do iogurte diminui o conteúdo de gordura, além de nos fornecer um bônus de cálcio e de fósforo, minerais que fortalecem dentes e ossos. —

SERVE 6

1 HORA 45 MINUTOS

MAIS O TEMPO DE MARINAR

1 pedaço de 4 cm de gengibre

4 dentes de alho

1 a 2 pimentas-vermelhas frescas

4 vagens de cardamomo

4 cravos-da-índia

1 colher (chá) cheia de cada um dos seguintes temperos: semente de erva-doce, semente de cominho, cúrcuma e canela em pó

4 folhas de louro

1 maço de coentro fresco (30 g)

500 g de iogurte natural

2 cebolas grandes

2 berinjelas grandes

2 batatas-doces (300 g cada)

1 lata de tomate pelado (400 g)

660 g de grão-de-bico cozido

450 g de arroz basmati integral

Descasque o gengibre e o alho, elimine as sementes das pimentas e coloque tudo no processador de alimentos. Amasse as vagens de cardamomo e retire as sementes. Coloque-as no processador, juntamente com os cravos, a semente de erva-doce e de cominho, a cúrcuma e a canela em pó. Elimine o talo central das folhas de louro e adicione também ao processador. Retire as folhinhas mais bonitas do coentro e guarde-as numa tigela com água fria – serão usadas mais tarde – e adicione as restantes ao processador. Acrescente 250 g de iogurte, sal e pimenta-do-reino a gosto e acione o aparelho até obter uma pasta lisa. Descasque as cebolas e corte-as em quatro. Lave as berinjelas e as batatas-doces e corte-as em pedaços de 3 cm. Misture os legumes com os temperos numa travessa grande (30 cm × 40 cm) e, se possível, deixe marinar por 1 hora ou, melhor ainda, de um dia para o outro para que os legumes absorvam os sabores.

Preaqueça o forno a 180 °C e asse os legumes por 1 hora, ou até que fiquem macios e bem dourados. Coloque a assadeira sobre a chama do fogão, adicione o tomate, despedaçando-o com uma colher de pau, e 3 xícaras (chá) de água. Acrescente o grão-de-bico e cozinhe por 20 minutos, em fogo médio; acerte o tempero. Enquanto isso, cozinhe o arroz em água fervente salgada, conforme instruções da embalagem, escorra-o e coloque de volta na panela, mantendo a chama baixa, até que comece a grudar nas bordas.

Faça porções de arroz nos pratos, acrescente o iogurte restante ao curry e sirva salpicado das folhas de coentro reservadas.

CALORIAS	GORDURA	G. SATURADA	PROTEÍNA	CARBOIDRATO	AÇÚCAR	SAL	FIBRA	4 PORÇÕES
572 kcal	9 g	3,4 g	18,7 g	111,6 g	22,4 g	0,6 g	7,4 g	LEG., VERDURAS & FRUTAS

CURRY DE CAMARÃO À AFRICANA COM PIMENTA & ARROZ BASMATI COM QUIABO

— Além de conferir um sabor delicioso a este preparo, a manteiga de amendoim é rica em biotina, vitamina do grupo B, indispensável para que o sistema nervoso funcione bem. —

SERVE 4

45 MINUTOS

500 g de camarão grande e sem casca, cru

2 pimentões de cores diferentes

2 cebolas roxas

2 pimentas-cambuci

2 colheres (sopa) de vinagre de vinho tinto

azeite de oliva

2 colheres (chá) de coentro em pó

2 colheres (chá) de páprica defumada

600 g de tomate maduro

500 ml de caldo de frango ou de legumes

1 colher (sopa) de manteiga de amendoim

300 g de arroz basmati

170 g de quiabo

4 colheres (sopa) de iogurte natural

Usando uma faca pequena, elimine o veio escuro que se encontra no dorso do camarão. Elimine as sementes dos pimentões e descasque as cebolas; corte tudo em pedaços que tenham aproximadamente a espessura dos camarões.

De preferência usando luvas, elimine as sementes da pimenta e depois coloque tudo, pimentão, cebola e pimenta, numa mesma tigela grande. Numa tigela menor, misture o vinagre, 1 colher (sopa) de azeite de oliva, 1 pitada de sal, o coentro em pó e a páprica. Despeje a metade dessa mistura sobre os legumes e mexa bem; na tigela menor, com o restante dessa mistura, coloque o camarão e misture bem.

Coloque uma panela grande antiaderente em fogo médio-alto e refogue os legumes por 10 minutos, mexendo frequentemente. Pique os tomates em cubos de 2 cm, adicione à panela e junte também o caldo e a manteiga de amendoim; cozinhe, sempre em fogo baixo, por mais 10 minutos. Adicione o camarão, cozinhe por mais 4 minutos e, se necessário, corrija o tempero.

Enquanto prepara o curry, cozinhe o arroz em bastante água fervente salgada, conforme instruções da embalagem, acrescentando o quiabo fatiado nos últimos 4 minutos, de modo que este dê aquele "grude" gostoso, característico desse legume. Escorra bem e sirva com o curry, pondo sobre cada porção uma colherada do refrescante iogurte.

CALORIAS	GORDURA	G. SATURADA	PROTEÍNA	CARBOIDRATO	AÇÚCAR	SAL	FIBRA	3 PORÇÕES LEG., VERDURAS & FRUTAS
552 kcal	9,9 g	2,4 g	37,8 g	9,9 g	2,4 g	0,9 g	6,1 g	

TARKA DAAL ASSADO COM COUVE-FLOR, ERVILHA SECA & CHAPATIS

A ervilha seca amarela dá uma incrível textura a este prato. Repleta de proteína e fibras, ela contém também tiamina, vitamina do grupo B, que faz o coração trabalhar direitinho.

SERVE 8

1 HORA 45 MINUTOS

6 dentes de alho

1 pedaço de 4 cm de gengibre

2 pimentas-vermelhas

azeite de oliva

4 colheres (chá) de semente de mostarda-preta

1 pedaço de canela em pau

2 cebolas

1 couve-flor

1 colher (chá) cheia de curry em pó

1 manga madura

1,5 litro de caldo de legumes

1 lata de tomate pelado (400 g)

500 g de ervilha seca amarela, partida

8 chapatis integrais

8 colheres (sopa) de iogurte natural

1 maço de coentro fresco (30 g)

Preaqueça o forno a 200 °C. Descasque e pique o alho e o gengibre e corte as pimentas em fatias finas. Coloque tudo numa caçarola grande, que possa ir ao forno, e leve ao fogo médio com 1 colher (sopa) de azeite, as sementes de mostarda e o pau de canela. Refogue até dourar, enquanto você descasca as cebolas e corta em cubinhos de 1 cm. Elimine as folhas externas da couve-flor, mantendo as mais novas e claras, e também a parte final do talo por ser dura e fibrosa, e pique a couve-flor em pedaços de 2 cm. Adicione à caçarola a cebola picada, a couve-flor e o curry em pó e cozinhe por 5 minutos.

Descasque e pique a manga em cubos, e adicione à caçarola junto com o caldo. Acrescente os tomates pelados, partidos em pedaços e, em seguida, adicione 1 ½ lata (do tomate) de água. Lave a ervilha, junte à caçarola e ferva por 10 minutos; em seguida, leve ao forno por 40 minutos.

Tire a caçarola do forno e retire a canela. Com um mixer de imersão, bata a metade e volte a mexer bem, devolvendo o pau de canela ao ensopado. Se estiver muito grosso, adicione um pouco de água e asse por mais 40 minutos até que tenha-se formado uma crosta grossa e apetitosa.

Logo antes de servir, aqueça os chapatis no forno por poucos minutos e sirva cada porção de daal com uma colherada de iogurte, folhas de coentro e o chapatis para molhar no daal.

Freezer amigo

Divida as sobras em porções e congele para serem usadas nos dias em que bate aquela preguiça...

CALORIAS	GORDURA	G. SATURADA	PROTEÍNA	CARBOIDRATO	AÇÚCAR	SAL	FIBRA	3 PORÇÕES LEG., VERDURAS & FRUTAS
449 kcal	11,2 g	4 g	20,4 g	64,5 g	11,9 g	0,9 g	11,2 g	

ENSOPADO CHINÊS DE CARNE & TOFU, ARROZ & FEIJÃO COM PIMENTA-DE-SICHUAN

Entre os muitos nutrientes do feijão-azuki, destacamos o zinco, indispensável para a absorção de outros minerais e vitaminas, além de manter os nossos ossos fortes e sadios.

SERVE 4

45 MINUTOS

250 g de alcatra ou contrafilé

2 dentes de alho

1 pedaço de 4 cm de gengibre

1 pimenta-vermelha fresca

1 maço de cebolinha-verde (30 g)

2 cenouras grandes

250 g de nabo ou rabanete

1 colher (chá) cheia de pimenta--de-sichuan em grãos

óleo de amendoim

2 colheres (sopa) de pasta de feijão com pimenta-chinesa (encontrada em lojas de produtos orientais)

1 litro de caldo de legumes

1 lata de feijão-azuki (400 g)

250 g de arroz para risoto

1 colher (sopa) de amido de milho

200 g de brócolis tenros

350 g de tofu firme

Corte a carne em pedaços de 1 cm, eliminando toda a gordura. Descasque e pique fino o alho e o gengibre e fatie a pimenta-vermelha. Fatie a parte verde das cebolinhas (reserve) e corte a parte branca em pedaços de 2 cm. Descasque a cenoura e o nabo e pique-os do mesmo tamanho. Numa frigideira grande, torre a pimenta-de-sichuan em fogo médio-alto até ela esquentar. Coloque num almofariz, mas deixe a frigideira no fogo. Nela coloque 1 colher (sopa) de óleo de amendoim e a carne picada, refogando-a até que comece a dourar. Junte então o alho e o gengibre, a pimenta-vermelha, a parte branca da cebolinha, a cenoura e o nabo. Cozinhe por 5 minutos, depois junte a pasta de feijão com pimenta e mexa por mais 5 minutos, até que esta comece a escurecer. Junte o caldo e cozinhe em fogo baixo por 10 minutos.

Enquanto isso, em outra panela, coloque o feijão, o arroz e água fria suficiente para cobri-los mais 1 cm. Adicione 1 pitada de sal e leve ao fogo alto até levantar fervura. Abaixe o fogo e cozinhe até a água chegar no nível do arroz, então tampe a panela, reduza bem o fogo e cozinhe por mais 12 minutos, ou até o arroz ficar totalmente cozido, mexendo de vez em quando.

Dissolva bem o amido de milho em 2 colheres (sopa) de água fria e despeje-o no ensopado. Adicione os brócolis – utilize as flores e apenas a parte mais tenra dos talos. Pique o tofu em cubos de 2 cm e junte-os também. Volte a tampar e cozinhe por mais 5 a 8 minutos, sempre em fogo baixo, para o ensopado engrossar e os brócolis ficarem macios, porém al dente. Sirva polvilhado com a parte verde das cebolinhas fatiada, e com o arroz e o feijão ao lado. Triture finamente a pimenta-de-sichuan e polvilhe-a por cima e, se gostar, arremate com um fiozinho de óleo de pimenta.

CALORIAS	GORDURA	G. SATURADA	PROTEÍNA	CARBOIDRATO	AÇÚCAR	SAL	FIBRA	2 PORÇÕES LEG., VERDURAS & FRUTAS
561 kcal	13,3 g	2,9 g	36,2 g	77,8 g	8,4 g	0,7 g	6,1 g	

FRANGO KORMA COM COUVE-FLOR & ARROZ INTEGRAL

Para termos ossos fortes e saudáveis precisamos das vitaminas C e K. Nada melhor do que um prato como este em que juntamos o arroz com a couve-flor, para conseguirmos isso.

SERVE 4

1 HORA 10 MINUTOS

2 colheres (chá) de semente de mostarda-preta

2 cebolas

azeite de oliva

2 colheres (chá) cheias de pasta de curry korma (veja página 236)

4 coxas de frango, com osso e com pele

400 g de minicenouras

1 pedaço de 6 cm de gengibre

3 pimentas-vermelhas frescas

150 g de arroz basmati integral

1 couve-flor pequena (350 g)

250 ml de leite semidesnatado

250 g de iogurte natural

½ maço de coentro fresco (15 g)

A pasta de curry indiana comprada pronta é muito boa e prática, mas a que você mesmo prepara é, sem dúvida nenhuma, muito melhor (veja página 236).

Preaqueça o forno a 180 °C. Numa panela larga que possa ir ao forno, coloque as sementes de mostarda e leve ao fogo médio-alto para estourarem, enquanto você descasca as cebolas e corta em quatro. Em seguida, adicione-as à panela com 1 colher (sopa) de azeite e a pasta de curry. Elimine a pele das coxas de frango e coloque também na panela. Cozinhe por 8 minutos, virando e mexendo de vez em quando, com a ajuda de um pegador. Enquanto isso, lave as cenouras, descasque e fatie o gengibre. Adicione tudo à panela, inclusive as pimentas inteiras, e leve ao forno por 35 minutos.

Depois de 20 minutos, cozinhe o arroz em bastante água fervente salgada, conforme instruções da embalagem. Elimine as folhas externas da couve-flor, mantendo as mais novas e claras, e pique tudo em pedaços pequenos, eliminando também a parte final do talo, mais dura e fibrosa. Cozinhe a couve-flor com o arroz durante os últimos 10 minutos, até que esteja macia, e escorra tudo.

Coloque a panela com o frango sobre a chama do fogão, em fogo baixo, adicione o leite e cozinhe por 10 minutos. Retire então a panela do fogo, espere 2 minutos para evitar que respingue e adicione o iogurte sobre a superfície toda. Agite delicadamente a panela para que tudo se misture um pouco e acerte o tempero. Sirva o frango com o arroz e a couve-flor, decorando com folhas de coentro. Se gostar de comida bem apimentada, pique um pouco da pimenta-vermelha cozida e adicione-a ao korma, mexendo bem.

CALORIAS	GORDURA	G. SATURADA	PROTEÍNA	CARBOIDRATO	AÇÚCAR	SAL	FIBRA	3 PORÇÕES LEG., VERDURAS & FRUTAS
500 kcal	20 g	6 g	28,6 g	56,6 g	22,6 g	0,7 g	7,4 g	

FRANGO ENSOPADO COM LEGUMES, BACON & CEVADA

A cevada é um alimento indispensável em qualquer cozinha por ser riquíssima em vitaminas e minerais, principalmente o manganês, fundamental para termos ossos fortes.

SERVE 4

1 HORA 10 MINUTOS

azeite de oliva

2 fatias de bacon magro

2 raminhos de alecrim

2 cebolas

2 cenouras

400 g de batata pequena

100 g de cevada

1 colher (sopa) cheia de farinha de trigo integral

500 ml de caldo de frango

500 ml de leite semidesnatado

2 abobrinhas

1 maço de aspargo fresco (350 g)

200 g de vagem

4 filés de frango, sem pele (120 g cada)

1 colher (sopa) de molho de hortelã

Coloque uma caçarola grande com 1 colher (sopa) de azeite em fogo médio. Corte o bacon em tirinhas, retire as folhinhas dos ramos de alecrim e junte tudo à panela, deixando dourar e mexendo de vez em quando. Enquanto isso, comece a preparar os legumes: a ideia é picar tudo aproximadamente do mesmo tamanho – cubinhos de 2 cm – e adicioná-los à panela conforme vão sendo cortados. Descasque, pique e adicione as cebolas, depois as cenouras e, em seguida, as batatas. Junte a cevada, mexa bem e refogue tudo por 10 minutos, até que comece a amolecer, mas sem dourar, misturando frequentemente.

Misture a farinha de trigo com os legumes e, depois, vá juntando o caldo e o leite. Cozinhe em fogo baixo por 10 minutos, enquanto você apara e corta as abobrinhas em quatro pelo comprimento, elimina a parte dura dos aspargos e também as extremidades da vagem para, em seguida, cortar tudo em pedaços de 2 cm. Pique também o frango no mesmo tamanho. Coloque a abobrinha e o frango na caçarola, cubra-a com uma folha de papel-manteiga, previamente umedecido e amassado, e cozinhe por 20 minutos em fogo baixo. Dê uma boa mexida, adicione o aspargo e a vagem e cubra novamente com o papel. Continue cozinhando por mais 20 minutos, até engrossar e ficar macio, mexendo ocasionalmente. Acrescente o molho de hortelã, mexa e prove o tempero; se achar necessário, corrija-o. Sirva quente.

CALORIAS	GORDURA	G. SATURADA	PROTEÍNA	CARBOIDRATO	AÇÚCAR	SAL	FIBRA	4 PORÇÕES LEG., VERDURAS & FRUTAS
549 kcal	12,5 g	3,6 g	48,2 g	64,8 g	20,5 g	0,8 g	7,2 g	

CURRY DE FRANGO À MODA DE BALI, ARROZ COLORIDO, PIMENTA & ERVA-CIDREIRA

A couve-roxa, além de tingir o arroz de uma cor vibrante, é muito nutritiva, rica em ácido fólico, vitamina do grupo B, necessária para manter a eficiência do sistema imunológico.

SERVE 6

1 HORA

1 pedaço de 4 cm de gengibre

4 dentes de alho

1 maço de cebolinha-verde (30 g)

2 pimentas-vermelhas frescas

40 g de castanha de caju

4 folhas de limão kaffir

1 colher (chá) de cúrcuma em pó

2 colheres (chá) de molho de peixe

300 g de cogumelo shimeji

1 manga madura

3 filés de frango, sem pele (200 g cada)

azeite de oliva

500 g de vagem fina

2 limões-taiti

400 ml de leite de coco light

450 g de arroz basmati

250 g de couve-roxa

2 talos de erva-cidreira

Descasque o gengibre e o alho, limpe as cebolinhas-verdes, corte ao meio 1 pimenta-vermelha e elimine as sementes. Torre tudo numa caçarola larga em fogo médio-alto, juntamente com as castanhas de caju, até que comecem a pegar no fundo da panela. Despeje no copo do liquidificador e acrescente as folhas de limão, a cúrcuma, o molho de peixe, 1 colher (chá) de pimenta-do--reino preta e 1 pitada de sal e bata tudo até obter uma pasta. Reserve.

Para que fique dourado e com aroma de nozes, torre o cogumelo em fogo médio por 5 minutos, na mesma caçarola, mas sem usar gordura. Descasque a manga e corte-a em fatias de 1 cm. Corte também os filés de frango em tiras de 1 cm. Retire o cogumelo da caçarola e coloque nela 1 colher (sopa) de azeite e a pasta que você reservou e frite, mexendo sempre, por 1 minuto para realçar o aroma. Junte o frango e a manga e refogue, mexendo, por 5 minutos. Corte a vagem ao meio e adicione à caçarola; volte também o cogumelo à panela. Agora é a hora de adicionar o suco de 1 limão e o leite de coco e, quando levantar fervura, reduza bem o fogo e cozinhe por 10 minutos, até engrossar ligeiramente, mexendo de vez em quando. Cozinhe o arroz em bastante água fervente salgada, seguindo as instruções da embalagem. Após uns 5 minutos, elimine os talos da couve, rasgue as folhas em pedaços pequenos e junte ao arroz para que fique macia e solte a sua cor.

Bata os talos da erva-cidreira com um martelinho para amassá-los bem e elimine as folhas externas, que são mais fibrosas. Corte a segunda pimenta, elimine as sementes e pique-a bem fino com a erva-cidreira. Escorra o arroz e sirva-o com o curry de frango. Salpique da erva-cidreira e da pimenta picadas e coloque ao lado um gomo do segundo limão para espremer por cima.

CALORIAS	GORDURA	G. SATURADA	PROTEÍNA	CARBOIDRATO	AÇÚCAR	SAL	FIBRA	2 PORÇÕES LEG., VERDURAS & FRUTAS
551 kcal	13,7 g	5,4 g	36,6 g	74,9 g	9 g	0,8 g	3,4 g	

CARNE ENSOPADA NA CERVEJA ESCURA COM CEVADA & MOSTARDA-INGLESA

— As vantagens da fraldinha é que é um corte de carne mais magro que muitos outros, além de ser rico em zinco, um mineral de que nós precisamos para a saúde de unhas, cabelos e pele. —

SERVE 6

2 HORAS 30 MINUTOS

450 g de cevada

400 g de cebolinha em conserva

azeite de oliva

1 cebola grande

3 cenouras grandes

1 coração de salsão

½ maço de tomilho fresco (15 g)

800 g de nabo redondo

20 g de funghi porcini seco

500 g de fraldinha

1 litro de caldo de carne ou de galinha

½ lata de cerveja escura Guinness (220 ml)

500 g de couve, repolho ou acelga

20 g de queijo cheddar curado ralado

4 colheres (chá) cheias de mostarda-inglesa

Preaqueça o forno a 180 °C. Coloque a cevada numa panela grande, cubra-a com bastante água fria e deixe-a de molho. Numa caçarola grande, coloque as cebolinhas em conserva inteiras com 1 colher (sopa) de azeite e leve ao fogo médio-alto. Descasque a cebola, corte-a em quatro, separe as pétalas e junte-as à caçarola. Vá mexendo ocasionalmente, enquanto limpa a cenoura e o salsão e corta em fatias diagonais de 0,5 cm. Quando estiverem prontos, coloque tudo na caçarola, juntamente com as folhinhas do tomilho. Cozinhe por 10 minutos, mexendo de vez em quando. Enquanto isso, descasque os nabos e pique-os em pedaços de 3 cm. Pique fino os porcini secos e coloque os dois na caçarola. Corte a carne em cubos de 3 cm e adicione à panela. Espere 2 minutos, despeje o caldo e a cerveja na caçarola e leve à fervura. Cubra-a com uma folha de papel-manteiga, previamente umedecida e amassada, e cozinhe no forno por 1 hora.

Retire o papel e continue o cozimento por mais 1 hora ou até a carne ficar bem macia. Escorra a cevada, cubra-a novamente com água fervente e cozinhe conforme explicado na embalagem. Limpe a verdura escolhida – couve, repolho ou acelga – eliminando as folhas mais duras e cozinhe-a no vapor da cevada, colocando-a numa peneira de metal sobre a panela, nos últimos 10 minutos de cozimento. Escorra a cevada, mas reserve um pouco da água do cozimento. Coloque-a de volta na panela e tempere-a com o queijo ralado, a mostarda e um pouco da água reservada, mexendo bem.

Acerte o tempero do ensopado e sirva-o com a cevada temperada e o legume cozido no vapor.

CALORIAS	GORDURA	G. SATURADA	PROTEÍNA	CARBOIDRATO	AÇÚCAR	SAL	FIBRA	3 PORÇÕES LEG., VERDURAS & FRUTAS
576 kcal	9,9 g	2,3 g	39,8 g	82,3 g	16,3 g	1,5 g	6,1 g	

PRATOS DE FORNO

Você só vai ter de juntar os ingredientes num refratário e o trabalho mais duro fica por conta do seu forno.

FRANGO & LINGUIÇA CALABRESA COM PIMENTÃO, BATATA-DOCE & BATATA

Os dois tipos de batata e o pimentão indicam que este prato é muito rico em vitamina C, que o corpo usa para manter sadios os dentes e a pele, e para proteger as células.

SERVE 4

1 HORA 10 MINUTOS

75 g de linguiça calabresa

2 dentes de alho

1 tablete de caldo de galinha

1 ramo de alecrim

2 colheres (sopa) de vinagre de cereja

4 sobrecoxas de frango, sem pele

1 kg de batata

400 g de batata-doce

2 cebolas roxas

2 pimentões de cores diferentes

1 maço de salsa (30 g)

4 colheres (sopa) de iogurte natural

pimenta-de-caiena

1 pimenta-vermelha fresca

2 colheres (sopa) de amêndoa

1 limão-siciliano

Preaqueça o forno a 200 °C. Pique a linguiça, descasque o alho e coloque-os no copo do liquidificador. Esmigalhe o tablete de caldo dentro do copo, junte as folhinhas de alecrim, o vinagre e 150 ml de água fervente. Segurando bem a tampa – com o líquido fervente a tampa pode ser jogada para cima! – acione o aparelho até que fique tudo muito bem triturado e depois junte mais 150 ml de água fervente.

Arrume as sobrecoxas de frango numa assadeira de 30 cm × 40 cm e rodeie--as com as batatas e batatas-doces lavadas e cortadas em pedaços de 3 cm – não as descasque para manter os nutrientes! Descasque as cebolas e elimine as sementes dos pimentões, corte-os do mesmo tamanho que a babata e adicione-os à assadeira. No caldo do liquidificador, junte metade das folhas de salsa e despeje na assadeira. Cubra bem com papel-alumínio e deixe que levante fervura sobre a boca do fogão para, logo em seguida, levá-la ao forno para assar por 30 minutos. Retire o alumínio, arrume as sobrecoxas de frango sobre os legumes para que possam dourar, e continue assando por mais 30 minutos, até carne e legumes ficarem bem macios.

Enquanto isso, coloque sobre um prato as folhinhas de salsa restantes. Ao lado delas, coloque o iogurte e faça outro montinho com um pouco de pimenta--de-caiena. Por fim, fatie as amêndoas e a pimenta-vermelha, forme mais um montinho e rale por cima a casca do limão. Quando o assado estiver pronto, leve-o à mesa, e coloque ao lado o prato com as guarnições, deixando que cada um se sirva à vontade.

CALORIAS	GORDURA	G. SATURADA	PROTEÍNA	CARBOIDRATO	AÇÚCAR	SAL	FIBRA	3 PORÇÕES LEG., VERDURAS & FRUTAS
432 kcal	16 g	4,6 g	25,8 g	49,6 g	12 g	1,5 g	6,4 g	

SALMÃO TERIYAKI COM MANGA, ARROZ INTEGRAL & PICLES DE PEPINO

— Para dar aquele toque adocicado, que tão bem caracteriza o molho teriyaki, eu escolho a manga porque oferece um toque a mais de vitamina C, que nos ajuda a pensar melhor! —

SERVE 4
50 MINUTOS

300 g de arroz integral

óleo de amendoim

1 manga madura e firme

4 dentes de alho

1 pedaço de 4 cm de gengibre

3 limões-taiti

2 colheres (sopa) de shoyu com baixo teor de sódio

½ pepino

1 pimenta-vermelha fresca

4 colheres (sopa) de vinagre de vinho branco

4 filés de salmão com a pele (120 g cada)

1 maço de cebolinha-verde

250 g de brócolis

½ maço de hortelã fresca (15 g)

2 colheres (chá) de semente de gergelim

4 colheres (sopa) de iogurte natural

Cozinhe o arroz em bastante água fervente salgada e escorra-o. Com 1 colher (chá) de óleo de amendoim unte uma assadeira de 25 cm × 30 cm e nela arrume o arroz numa só camada. Lave e descasque a manga e coloque a polpa no copo do liquidificador (conserve a casca); esprema o caroço da manga sobre o copo do aparelho para recolher todo o suco. Descasque o alho e o gengibre e adicione ao liquidificador, juntamente com a casca ralada e o suco de 2 limões. Adicione o shoyu e 1 colher (chá) de óleo de amendoim e bata até conseguir uma pasta bem lisa: despeje-a numa tigela grande. Reserve.

Para o preparo de um picles rápido, corte a casca reservada da manga em tirinhas e coloque-as numa tigela rasa. Parta o pepino ao meio pelo comprimento, elimine a parte central com as sementes e corte em fatias finas; faça o mesmo com a pimenta-vermelha e adicione-os à tigela rasa. Junte o vinagre e sal a gosto (não se preocupe demais com a quantidade de sal porque o líquido produzido pelos legumes será escorrido).

Preaqueça o grill em temperatura alta. Retire a pele do salmão e reserve-a. Misture os filés de peixe com a pasta reservada e arrume-os sobre o arroz. Corte as cebolinhas na diagonal, em pedaços de 2 cm; separe os buquês dos brócolis e corte os talos mais macios em pedaços. Passe os legumes na pasta que sobrou e distribua-os ao redor do salmão. Cubra os filés de peixe com a pele – para protegê-los – e coloque a assadeira sob o grill por 12 a 15 minutos ou até estar tudo macio e levemente chamuscado – fique de olho para que não queime! Escorra o picles de pepino e misture-o com a hortelã picada e o gergelim, previamente torrado, para servir separadamente. Sirva cada porção com uma colher de iogurte e o terceiro limão cortado em gomos.

CALORIAS	GORDURA	G. SATURADA	PROTEÍNA	CARBOIDRATO	AÇÚCAR	SAL	FIBRA	2 PORÇÕES LEG., VERDURAS & FRUTAS
597 kcal	19,2 g	3,9 g	35,4 g	74,7 g	12,7 g	1,4 g	5,3 g	

ALMÔNDEGAS GIGANTES COM MOLHO DE TOMATE & PIMENTA JALAPEÑO

Estas almôndegas gigantes provam que saudável não quer dizer pouco! O feijão-preto (rico em proteína) aumenta o teor de fibras, deixando o intestino saudável e feliz.

SERVE 4

1 HORA 20 MINUTOS

500 g de carne moída, magra

150 g de migalhas de pão integral

1 lata de feijão-preto em conserva (400 g)

1 ovo grande

½ maço de coentro fresco (15 g)

100 g de queijo cottage

1 colher (sopa) de pimenta jalapeño, fatiada, em conserva

2 latas de tomate pelado (400 g cada)

1 maço de cebolinha-verde

2 dentes de alho

azeite de oliva

200 g de arroz integral

1 manga madura e firme

1 pimentão vermelho

2 limões-taiti

Preaqueça o forno a 180 °C. No processador de alimentos, coloque a carne moída, as migalhas de pão, o feijão preto (escorrido!), o ovo, a terça parte do coentro, sal e pimenta-do-reino a gosto. Bata até que fique homogêneo e divida em 4 porções. Achate-as, formando discos e, no centro de cada um, coloque um quarto do queijo cottage. Levante as bordas dos discos de carne, reunindo-as no topo e selando bem. Dê o formato de bolas e reserve.

No processador, agora vazio (não precisa lavar!), coloque a pimenta jalapeño, 1 colher (chá) do líquido da sua conserva, metade do coentro restante e o tomate pelado. Adicione somente a parte verde da cebolinha e os dentes de alho descascados. Bata bem até obter uma pasta lisa. Tempere com sal a gosto e despeje-a numa assadeira de 20 cm × 30 cm. Por cima dessa pasta, arrume as almôndegas gigantes, pincele-as com 1 colher (chá) de azeite e asse na parte mais baixa do forno por 35 minutos, até ficarem cozidas e o molho, borbulhante.

Enquanto isso, cozinhe o arroz em bastante água fervente salgada conforme instruções da embalagem. Descasque a manga e grelhe-a em fogo médio-alto, juntamente com o pimentão, a parte branca da cebolinha e os limões cortados ao meio. Durante o cozimento, vire os legumes usando um pegador e, quando estiverem uniformemente chamuscados, transfira-os para uma tábua de cortar. Elimine cabo e sementes do pimentão e separe a polpa da manga do caroço. Pique tudo, adicionando também o coentro restante e a polpa de um dos limões, temperando com sal a gosto. Sirva as almôndegas com o molho de tomate sobre o arroz e, separadamente, o molho de manga azedinho para realçar os sabores. Sirva o último limão cortado para quem quiser aproveitar seu suco.

CALORIAS	GORDURA	G. SATURADA	PROTEÍNA	CARBOIDRATO	AÇÚCAR	SAL	FIBRA	3 PORÇÕES LEG., VERDURAS & FRUTAS
600 kcal	13,7 g	5 g	44,5 g	75,3 g	15,7 g	1,5 g	13,4 g	

PILAF PERSA DE LEGUMES COM AÇAFRÃO, MIRTILO & FEIJÃO

Acredita-se que o arroz jasmine tenha a capacidade de estimular a produção da melatonina, hormônio que estimula o sono, fazendo com que este prato seja uma ótima escolha para o jantar.

SERVE 4

1 HORA 10 MINUTOS

300 g de arroz jasmine

2 dentes de alho

½ maço de salsa (15 g)

2 alhos-porós

azeite de oliva

1 limão-taiti

1 cenoura

1 bulbo de erva-doce (400 g)

1 tablete de caldo de legumes ou de galinha

1 pitada de açafrão

1 lata de feijão-rajado em conserva (400 g)

150 g de mirtilo

1 colher (sopa) de amêndoa, sem pele

1 colher (sopa) de pistache descascado

4 colheres (sopa) de iogurte natural

Preaqueça o forno a 220 °C. Lave bem o arroz numa peneira e depois reserve, deixando-o ainda ligeiramente úmido. Descasque o alho e corte fino, juntamente com os talos da salsa. Lave e limpe os alhos-porós e pique-os fino no processador. Adicione 4 colheres (sopa) de azeite numa assadeira funda de 25 cm × 30 cm e coloque-a sobre a chama do fogo médio-alto. Acrescente o alho, a salsa e, em seguida, o alho-poró. Rale por cima a casca do limão e mexa bem. Limpe a cenoura e o bulbo de erva-doce, pique-os fino no processador e junte aos outros ingredientes da assadeira. Tempere com sal e pimenta-do-reino a gosto e refogue por 15 minutos, mexendo regularmente, até que tudo fique macio, mas não dourado.

Esmigalhe o tablete de caldo em uma caneca, adicione o açafrão e 550 ml de água fervente. Escorra o feijão e acrescente-o à assadeira, juntamente com o arroz e o mirtilo. Dê uma mexida e despeje por cima o caldo fervente. Espere ferver bem e coloque a assadeira no forno por 30 minutos ou até que o arroz esteja cozido e a superfície, crocante.

Torre a amêndoa e o pistache até ficarem ligeiramente dourados e triture-os num almofariz. Sirva o pilaf com as folhas de salsa e as oleaginosas amassadas, uma porção de iogurte e um gomo de limão para espremer por cima.

CALORIAS	GORDURA	G. SATURADA	PROTEÍNA	CARBOIDRATO	AÇÚCAR	SAL	FIBRA	3 PORÇÕES LEG., VERDURAS & FRUTAS
546 kcal	18,4 g	3 g	15,5 g	83,4 g	10,9 g	1,2 g	10,5 g	

PEIXE À SICILIANA COM BERINJELA, TOMATE, PINOLI & UVA-PASSA

— A pescada é um alimento proteico de baixa caloria, mas rico em micronutrientes, tais como o selênio, indispensável para a proteção das células e para manter ativo o sistema imunológico. —

SERVE 4

1 HORA 15 MINUTOS

2 berinjelas grandes

1 kg de tomate maduro

1 cebola roxa

4 dentes de alho

1 coração de salsão

1 colher (sopa) de orégano seco

1 pitada de pimenta-vermelha seca em flocos

1 colher (chá) de alcaparra

40 g de uva-passa

40 g de pinoli

4 azeitonas pretas (com caroço)

azeite de oliva

4 filés de pescada (120 g cada)

1 laranja

250 g de cuscuz marroquino integral

40 g de rúcula

4 colheres (sopa) de iogurte natural

Preaqueça o forno a 180 °C. Corte as berinjelas e os tomates em rodelas finas. Descasque a cebola e o alho e corte-os da mesma forma. Limpe o salsão, corte-o primeiro ao meio e depois em fatias finas, pelo comprimento. Coloque esses ingredientes numa assadeira e adicione também o orégano, a pimenta em flocos, a alcaparra, a uva-passa e o pinoli. Elimine o caroço das azeitonas e amasse-as com a palma da mão, rasgue-as em pedaços e espalhe na assadeira. Regue com 2 colheres (sopa) de azeite e tempere com sal e pimenta-do-reino a gosto. Dê uma boa mexida e nivele uniformemente, procurando deixar o tomate por cima. Asse por 40 minutos na prateleira mais baixa do forno.

Enquanto isso, marine os filés de pescada com o suco da laranja (reserve as cascas) e 1 pitada de sal. Quando terminar o tempo de forno dos legumes, retire a assadeira do forno e arrume por cima os filés de peixe, com a pele virada para cima. Regue-os com a laranja da marinada e volte ao forno por mais 15 minutos, sempre na prateleira mais baixa do forno. Numa tigela, coloque as metades da laranja espremida e o cuscuz, cubra-o com água fervente e coloque um prato por cima, deixando-o descansar pelo tempo necessário para inchar.

Espalhe a rúcula sobre este preparo maravilhoso, afofe o cuscuz, acerte o tempero e divida em 4 porções, servindo cada uma com 1 colher (sopa) de iogurte.

CALORIAS	GORDURA	G. SATURADA	PROTEÍNA	CARBOIDRATO	AÇÚCAR	SAL	FIBRA	3 PORÇÕES LEG., VERDURAS & FRUTAS
600 kcal	18,5 g	2,9 g	37,1 g	71,7 g	25,1 g	1,1 g	9 g	

FRANGO COM ALHO & TOMILHO, COGUMELO, TOMATE-CEREJA & ASPARGO

— A escolha do pão integral dobrou a quantidade de fibras deste prato, além de fornecer vitamina B, da qual é rico também o peito de frango, e que ajuda o nosso metabolismo. —

SERVE 4
30 MINUTOS

2 colheres (sopa) de vinagre balsâmico

azeite de oliva

4 dentes de alho

½ maço de ramos de tomilho fresco (15 g)

350 g de aspargo fresco fino

350 g de tomate-cereja maduro, vermelho e amarelo, em rama

4 filés de frango, sem pele (120 g cada)

4 fatias grossas de pão integral (75 g cada)

4 cogumelos médios

100 g de cream cheese

Aqueça o forno na temperatura máxima (240 °C). Numa tigela grande, misture o vinagre com 2 colheres (sopa) de azeite, sal e pimenta-do-reino preta a gosto. Pressione os dentes de alho com a lâmina da faca – não precisa descascá-los completamente – e coloque-os na tigela, juntamente com os ramos de tomilho. Elimine a parte dura do talo dos aspargos e retire os tomatinhos da rama. Coloque todos esses ingredientes, inclusive os filés de frango, dentro da tigela e misture bem.

Numa assadeira grande, de 30 cm × 40 cm, arrume os aspargos. Apoie as fatias de pão sobre os aspasgos, e disponha 1 filé de frango, 1 dente de alho e alguns raminhos de tomilho sobre cada fatia de pão. Limpe bem os cogumelos, eliminado as partes machucadas, se tiver, e coloque um sobre cada filé de frango, com os talos virados para cima. Divida o cream cheese entre eles e espalhe os tomatinhos sobre os aspargos, regando-os com a marinada que sobrou na tigela. Ponha a assadeira na prateleira mais baixa do forno, que deverá já estar bem quente para que o frango asse rapidamente – de 20 a 25 minutos –, fique macio e o prato esteja com aparência bem apetitosa. Faça as porções e... ataque!

CALORIAS	GORDURA	G. SATURADA	PROTEÍNA	CARBOIDRATO	AÇÚCAR	SAL	FIBRA	2 PORÇÕES LEG., VERDURAS & FRUTAS
480 kcal	15,3 g	4,1 g	44,8 g	38,8 g	9,9 g	1,5 g	8,5 g	

ALMÔNDEGAS DE PORCO AO MOLHO DE CEBOLA & MAÇÃ COM PÃOZINHOS INTEGRAIS

— Essas almôndegas unem a carne magra do filé de porco, a proteína do feijão-branco e as fibras da aveia, tudo isso para manter o coração tinindo e cuidar do nível do colesterol. —

SERVE 4

1 HORA 15 MINUTOS

1 maço de hortelã fresca (30 g)

1 lata de feijão-branco em conserva (400 g)

450 g de filé-mignon suíno

2 colheres (chá) cheias de mostarda com sementes

50 g de flocos de aveia

azeite de oliva

2 cebolas roxas

2 maçãs

1 colher (sopa) de molho inglês

2 colheres (sopa) de farinha de trigo integral

1 litro de caldo de frango

4 pãezinhos integrais

30 g de queijo cheddar curado ralado

100 g de agrião ou rúcula

Preaqueça o forno a 200 °C. Coloque metade das folhas de hortelã no processador de alimentos e as restantes num copo com água fria para usá-las mais tarde. Escorra o feijão, pique grosso o filé de porco e coloque os dois no processador, juntando também metade da mostarda, a aveia, sal e pimenta-do-reino preta a gosto. Bata rapidamente, pulsando poucas vezes, para obter uma mistura grossa, ainda com pedaços. Passe-a para uma tábua e forme um rolo. Divida esse rolo em quatro partes iguais e, depois, cada uma delas, em cinco partes. Com as mãos molhadas, molde 20 bolinhas.

Para preparar o molho, coloque 1 colher (sopa) de azeite numa assadeira grande e funda e leve ao fogo médio-alto. Junte quatro das bolinhas e achate-as com uma colher de pau. Descasque as cebolas, corte-as em quatro, separe as camadas e coloque-as na assadeira, mexendo regularmente. Elimine o miolo das maçãs, corte-as em gomos finos e adicione-os também à assadeira. Cozinhe tudo por 5 minutos e acrescente o molho inglês, o restante da mostarda e a farinha de trigo. Mexa por 2 minutos e, em seguida, junte o caldo aos poucos; tempere a gosto e deixe levantar fervura (o líquido parece muito, mas, durante a permanência no forno, ele reduzirá bastante). Arrume as bolinhas restantes na assadeira, uniformemente distantes, e leve ao forno por 25 minutos ou até que estejam douradas. Após 15 minutos, agite a assadeira, e aqueça os pãezinhos durante os últimos 5 minutos.

Tire a assadeira do forno e espalhe o queijo cheddar ralado sobre as almôndegas para que derreta. Escorra as folhas de hortelã e misture-as com o agrião ou a rúcula. Sirva a salada com as almôndegas e os pãezinhos que serão usados para recolher o molho delicioso.

CALORIAS	GORDURA	G. SATURADA	PROTEÍNA	CARBOIDRATO	AÇÚCAR	SAL	FIBRA	2 PORÇÕES LEG., VERDURAS & FRUTAS
591 kcal	15,7 g	4,4 g	49,1 g	62,2 g	15,6 g	1,5 g	13 g	

BERINJELA & PIMENTÃO ASSADO COM ARROZ, FEIJÃO, COCO & COENTRO

Para que os músculos funcionem perfeitamente, precisam de potássio, e é exatamente do gengibre e do alho desta receita que vem esse nutriente tão precioso.

SERVE 4

1 HORA 10 MINUTOS

1 berinjela grande

2 pimentões grandes de cores diferentes

6 folhas de louro

½ maço de tomilho fresco (15 g)

6 dentes de alho

1 pedaço de 6 cm de gengibre

½ a 1 pimenta-cumari

2 colheres (chá) rasas de pimenta-da-jamaica

azeite de oliva

2 colheres (sopa) de vinagre de vinho branco

60 g de creme de coco

300 g de arroz branco

250 g de feijão-roxinho cozido e escorrido

4 colheres (sopa) de iogurte natural

½ maço de coentro fresco (15 g)

1 limão-taiti

Preaqueça o forno a 200 °C. Lave a berinjela, corte-a em quatro pelo comprimento e coloque-a numa assadeira de 30 cm × 40 cm. Corte os pimentões ao meio, elimine as sementes e coloque-os na assadeira. Retire o veio central das folhas de louro e coloque-as num almofariz com uma boa pitada de sal. Amasse-as muito bem, reduzindo-as a uma pasta. Junte as folhinhas do tomilho, o alho e o gengibre, previamente descascados e picados grosso. Elimine as sementes da pimenta-cumari, usando luvas se achar necessário, e coloque-a no almofariz, junte também a pimenta-da-jamaica. Volte a amassar muito bem, acrescentando 1 colher (sopa) de azeite e o vinagre. Distribua essa pasta sobre os legumes e asse-os por 30 minutos.

Numa tigela, misture bem o creme de coco com o arroz, 1 pitada de sal e 600 ml de água fervente. Tire a assadeira do forno, retire momentaneamente os legumes dela e ali mesmo coloque a mistura de arroz com coco e o feijão escorrido. Misture tudo, raspando o fundo da assadeira com uma colher de pau para soltar eventuais pedacinhos de legumes que nela estejam agarrados. Arrume de volta os legumes na assadeira colocando-os delicadamente no meio do arroz e dobrando a berinjela da forma que mais lhe convier. Volte a assadeira para o forno, na prateleira mais baixa, até o arroz estar cozido, por cerca de 25 minutos.

Coloque uma colher de iogurte em cada metade de pimentão e faça as porções. Decore com o coentro e um gomo de limão para regar, se assim desejar.

CALORIAS	GORDURA	G. SATURADA	PROTEÍNA	CARBOIDRATO	AÇÚCAR	SAL	FIBRA	2 PORÇÕES LEG., VERDURAS & FRUTAS
481 kcal	11,2 g	5,9 g	14,5 g	80,5 g	9,8 g	0,6 g	5,9 g	

PEIXE ASSADO À BRASILEIRA COM PIMENTÃO, PIMENTA, TOMATE & PÁPRICA

— Muitos peixes e frutos do mar, inclusive as tainhas e as vieiras, são fontes de fósforo, mineral poderoso que ajuda na construção das membranas celulares. —

SERVE 6

50 MINUTOS

800 g de peixes e futos do mar, tais como tainhas, vieiras, cação, lula

1 limão-siciliano

1 limão-taiti

páprica doce defumada

3 pimentões de cores variadas

2 cebolas roxas

800 g de tomate, vermelho e amarelo, maduro

1 pimenta-cumari

400 ml de leite de coco light

azeite de oliva

1 maço de coentro fresco (30 g)

450 g de arroz integral

6 colheres (sopa) de iogurte natural

Preaqueça o forno a 180 °C. Corte a mistura de peixes em bocados de 2 cm. Coloque numa tigela e rale por cima as cascas dos dois tipos de limão e, em seguida, esprema também o suco. Acrescente 1 boa pitada de páprica, tempere a gosto com sal e pimenta-do-reino preta e misture tudo muito bem.

Corte os pimentões em rodelas de 0,5 cm, eliminando as sementes. Descasque as cebolas e corte-as em rodelas; corte os tomates da mesma forma. Elimine as sementes da pimenta-cumari e fatie-a fino, usando luvas, se quiser. Numa assadeira de 25 cm × 30 cm, arrume uma camada de rodelas de tomate. Cubra com duas camadas de pimentão e uma de cebola, separando as fatias em anéis. Polvilhe com 1 pitada de páprica e 1 de pimenta-do-reino e disponha aleatoriamente por cima os bocados de peixes e frutos do mar, salpicando também de um pouco da pimenta-cumari. Repita as camadas, sempre polvilhando com um pouco de páprica entre elas. Regue com o suco de limão que tenha ficado na tigela e tempere com mais um pouco de sal. Com as pontas dos dedos empurre delicadamente para baixo os vários ingredientes, depois regue por cima com o leite de coco e 1 colher (sopa) de azeite. Salpique de metade do coentro picado, cubra a assadeira com papel-alumínio e asse por 20 minutos. Retire o papel e continue assando por mais 15 minutos, até estar tudo bem macio.

Enquanto isso, cozinhe o arroz em bastante água fervente salgada seguindo as instruções da embalagem e escorra-o. Divida o arroz entre as tigelas e cubra-o com o assado de peixe, adicionando também parte do caldo saboroso. Divida o iogurte entre as porções, polvilhe com o restante do coentro e, para aquele toque especial, salpique de mais 1 pitada de páprica.

CALORIAS	GORDURA	G. SATURADA	PROTEÍNA	CARBOIDRATO	AÇÚCAR	SAL	FIBRA	2 PORÇÕES LEG., VERDURAS & FRUTAS
563 kcal	15,2 g	5,1 g	33,9 g	77 g	15,5 g	1,1 g	6,6 g	

MASSAS & RISOTOS

Pratos incríveis e saborosos que celebram dois dos ingredientes favoritos da despensa

BOLONHESA VEGETARIANA COM LEGUMES, LENTILHA & PARMESÃO

— Utilizar lentilhas, ricas em cobre, no lugar da carne moída fornece uma boa dose de proteína, aumenta o consumo de fibras e reduz os níveis de gorduras saturadas. —

SERVE 6

1 HORA 15 MINUTOS

20 g de cogumelo porcini seco

2 cebolas roxas grandes

2 dentes de alho

2 cenouras

2 talos de salsão

2 ramos de alecrim fresco

azeite de oliva

1 folha de louro fresca

100 ml de vinho Chianti

1 lata de lentilha em conserva (400 g)

2 latas de tomate pelado (400 g cada)

450 g de espaguete integral seco

½ maço de salsa fresca (15 g)

100 g de queijo parmesão

Em uma tigela pequena, cubra os cogumelos porcini com água fervente para reidratá-los. Descasque as cebolas, o alho e as cenouras, apare o salsão e pique tudo bem fino junto com as folhas de alecrim. Aqueça uma caçarola grande sobre fogo médio-baixo com 1 colher (sopa) de azeite de oliva, adicione os legumes picados e o louro. Cozinhe tampado por 20 minutos, ou até que fiquem tenros, mexendo ocasionalmente.

Pique o cogumelo, retirando quaisquer pedaços duros, e adicione à caçarola junto com a água em que ficaram de molho. Aumente o fogo para médio-alto, acrescente o vinho e deixe cozinhar para reduzir. Adicione as lentilhas (com o líquido da conserva) e o tomate pelado, esmagando-os com uma colher de pau. Encha metade de cada lata de tomate com água, dê uma agitada e despeje na caçarola. Deixe ferver, reduza o fogo para médio-baixo e cozinhe lentamente por 35 minutos, ou até que fique espesso. Prove e tempere a gosto.

Enquanto isso, cozinhe o espaguete em uma panela grande com água fervente salgada de acordo com as instruções da embalagem. Escorra, reservando 1 xícara da água do cozimento. Misture o espaguete com o molho, afinando com um pouco da água reservada, se necessário. Pique as folhas da salsa, rale a maior parte do queijo parmesão e misture ambos com a massa. Divida entre os pratos, rale o restante do parmesão por cima e mande ver!

CALORIAS	GORDURA	G. SATURADA	PROTEÍNA	CARBOIDRATO	AÇÚCAR	SAL	FIBRA	3 PORÇÕES LEG., VERDURAS & FRUTAS
441 kcal	9,8 g	4 g	22 g	67,2 g	12,7 g	0,8 g	11,4 g	

MACARRÃO AO FORNO DA JOOL COM ATUM, ALHO-PORÓ, ERVA-DOCE & TOMATE

Atum em lata é o herói deste prato superpopular. O atum é um fantástico ingrediente, pois fornece selênio, que ajuda a proteger as células e deixa a pele e o cabelo saudáveis.

SERVE 4

1 HORA 10 MINUTOS

4 azeitonas pretas (com caroço)

4 dentes de alho

azeite de oliva

2 alhos-porós

1 bulbo de erva-doce

2 latas de tomate pelado (400 g cada)

2 latas de atum sólido em água e sal (160 g cada)

300 g de macarrão integral, de tipos variados

½ maço de salsa (15 g)

150 g de queijo cottage

20 g de queijo parmesão

Rasgue as azeitonas, descartando os caroços, descasque o alho e pique fino. Coloque uma panela grande em fogo médio e junte 1 colher (sopa) de azeite de oliva, a azeitona e alho. Cozinhe e mexa algumas vezes enquanto você apara, lava e pica fino o alho-poró e o bulbo de erva-doce, adicionando-os à panela. Cozinhe tampado por 15 minutos, ou até que fiquem tenros, mexendo regularmente.

Preaqueça o forno a 180 °C. Despeje os tomates na panela, esmagando-os com uma colher de pau, depois encha pela metade uma das latas vazias com água, dê uma sacudida e despeje na panela. Escorra e desmanche o atum, acrescente-o à panela, misture bem e cozinhe em fogo baixo por 10 minutos. Enquanto isso, cozinhe o macarrão em uma panela grande com água salgada fervente por 5 minutos e escorra (eu gosto de deixar este prato um pouco mais divertido, esmigalhando macarrões de diversos formatos, além de ser uma ótima maneira de aproveitar todos os restos de pacotes que você tiver na despensa).

Pique as folhas de salsa e misture com o molho, junte o queijo cottage e a massa escorrida, misture bem, prove e tempere a gosto. Transfira para um refratário, rale o parmesão por cima e asse por 30 minutos, ou até ficar dourado e borbulhante. Fica ótimo servido com uma salada verde.

CALORIAS	GORDURA	G. SATURADA	PROTEÍNA	CARBOIDRATO	AÇÚCAR	SAL	FIBRA	3 PORÇÕES LEG., VERDURAS & FRUTAS
500 kcal	10,3 g	3,3 g	41,7 g	63,8 g	14,7 g	1,3 g	12 g	

RISOTO DE ABÓBORA & LINGUIÇA COM RADICCHIO, TOMILHO & PARMESÃO

Um pouco de linguiça faz uma grande diferença neste prato delicioso. Eu a combino com a abóbora, que fornece vitaminas A e C, necessárias para uma pele bonita e saudável.

SERVE 4

55 MINUTOS

4 linguiças de porco

azeite de oliva

1 colher (chá) de semente de erva-doce

½ colher (chá) de pimenta--vermelha seca em flocos

1 abóbora-menina (600 g)

2 cebolas

1,2 litro de caldo de legumes ou de galinha

125 ml de vinho Chianti

300 g de arroz arbório

1 radicchio

300 g de queijo cottage

15 g de queijo parmesão

2 ramos de tomilho fresco

Corte as linguiças em fatias e coloque em uma panela grande de bordas altas sobre fogo médio com 1 colher (sopa) de azeite, a semente de erva-doce e os flocos de pimenta. Enquanto a linguiça frita, pique a abóbora em cubos de 1 cm, retirando a casca e as sementes. Descasque as cebolas e pique bem. Misture a abóbora e a cebola picadas com a linguiça e deixe cozinhar com a panela semitampada por cerca de 20 minutos, ou até que a abóbora esteja começando a caramelizar, mexendo regularmente. Em outra panela, coloque o caldo em fervura lenta sobre fogo baixo.

Afaste os pedaços de abóbora para os lados e despeje o vinho no meio da panela. Deixe que reduza, mexendo para desprender tudo o que está preso no fundo da panela. Acrescente o arroz e mexa por 2 minutos, depois comece a adicionar o caldo gradualmente, uma concha de cada vez, esperando que seja absorvido antes de acrescentar a próxima concha. Repita isso, mexendo por 20 minutos, ou até que o arroz esteja cozido, mas ainda mantendo o seu formato, e o risoto esteja cremoso.

Corte o radicchio em fatias finas e misture com o risoto junto com o queijo cottage, depois prove e tempere a gosto. Divida em porções e sirva polvilhado com queijo parmesão ralado e folhas de tomilho.

Troca vegetariana

Para tornar esta receita vegetariana, troque a linguiça por 1 lata de feijão-branco (400 g) e adicione ao arroz.

CALORIAS	GORDURA	G. SATURADA	PROTEÍNA	CARBOIDRATO	AÇÚCAR	SAL	FIBRA	2 PORÇÕES LEG., VERDURAS & FRUTAS
600 kcal	15,6 g	5,1 g	31,1 g	79,6 g	12,2 g	1,2 g	3,9 g	

ESPAGUETE VERMELHO, FRANGO DOURADO & VEGETAIS VERDES

Os peitos de frango são ricos em vitaminas B6 e niacina, que nos ajudam a pensar apropriadamente, e também contêm fósforo, que mantém os ossos fortes e saudáveis.

SERVE 4
30 MINUTOS

1 maço de cebolinha-verde

1 maço de aspargo (350 g)

2 filés de frango, sem pele (200 g cada)

azeite de oliva

5 dentes de alho

1 limão-siciliano

1 maço de tomilho fresco (30 g)

300 g de espaguete integral

8 tomates secos em conserva de óleo

4 pimentões vermelhos grandes, assados e sem pele, em conserva de salmoura (350 g)

½ colher (chá) de pimenta-vermelha seca em flocos

2 ramos de manjericão fresco

Apare a cebolinha-verde e elimine a extremidade dura dos aspargos, acomode-os em uma frigideira grande seca em fogo médio-alto e deixe-os começarem a tostar, mexendo ocasionalmente. Enquanto isso, abra os filés de frango, achate as partes mais grossas com o fundo de uma frigideira até chegar a 1,5 cm de espessura. Coloque o frango em uma tigela, regue com 1 colher (sopa) de azeite de oliva e polvilhe com 1 pitada de sal e pimenta-do-reino moída. Esmague 4 dentes de alho e acrescente. Rale a casca do limão por cima, junte os ramos de tomilho e esfregue bem os temperos no frango.

Quando os aspargos e a cebolinha estiverem tostados, passe para um prato e coloque na panela o frango com os temperos. Cozinhe por 8 minutos, ou até que esteja dourado e cozido por dentro, virando a cada 2 minutos. Retorne os aspargos e a cebolinha para a panela para reaquecê-los e desligue o fogo.

Cozinhe o espaguete em uma panela grande com água fervente salgada de acordo com as instruções da embalagem. Coloque em um processador de alimentos o dente de alho restante descascado e os tomates secos. Escorra os pimentões, enxugue-os rapidamente com toalhas de papel e adicione ao processador, junte os flocos de pimenta e 1 pitada de pimenta-do-reino moída. Processe até ficar homogêneo. Escorra o espaguete, reservando 1 xícara da água do cozimento, coloque a massa de volta na panela e misture com o molho sobre fogo médio, afinando com um pouco da água reservada, se necessário. Fatie o frango na diagonal, misture com o suco que ele soltar e sirva com a massa e os aspargos e cebolinha com as folhas de manjericão e gomos de limão para espremer por cima.

CALORIAS	GORDURA	G. SATURADA	PROTEÍNA	CARBOIDRATO	AÇÚCAR	SAL	FIBRA	2 PORÇÕES LEG., VERDURAS & FRUTAS
460 kcal	14,5 g	2,3 g	26,9 g	58,7 g	8,6 g	1,2 g	7,4 g	

LASANHA DE INVERNO COM REPOLHO-CRESPO & COZIDO CREMOSO DE FRANGO

Eu uso nesta receita cogumelos chestnut porque são cultivados ao ar livre e, portanto, absorvem a luz do sol. Mas você pode usar o cogumelo-de-paris ou shiitake.

SERVE 8

2 HORAS 20 MINUTOS

azeite de oliva

8 sobrecoxas de frango, sem pele e desossadas

2 alhos-porós

2 talos de salsão

2 bulbos de erva-doce

4 tiras de bacon defumado

2 folhas de louro

½ maço de tomilho fresco (15 g)

2 colheres (sopa) cheias de farinha de trigo integral

2 colheres (chá) cheias de mostarda-inglesa

1 litro de leite semidesnatado

1 repolho-crespo

400 g de cogumelos frescos

500 g de massa fresca de lasanha

30 g de queijo parmesão

1 pão integral

Coloque em fogo alto uma caçarola grande com 1 colher (sopa) de azeite e doure as sobrecoxas de frango de ambos os lados. Enquanto isso, lave, apare e fatie os alhos-porós, o salsão e a erva-doce, e reserve. Corte o bacon em fatias finas, coloque em uma panela com as folhas de louro e de tomilho e frite até o bacon começar a dourar. Acrescente as verduras fatiadas e frite por 15 minutos, mexendo regularmente. Misture a farinha, a mostarda e 1 pitada de sal e pimenta-do-reino moída. Acrescente o leite gradualmente, reduza para fogo baixo, tampe e cozinhe por 20 minutos, mexendo de vez em quando.

Destaque e lave 350 g de folhas externas do repolho, guardando o resto para outro dia. Empilhe as folhas, descarte os talos, depois fatie em tiras de 2 cm de largura. Corte os cogumelos em fatias e misture ao cozido, com o repolho e 700 ml de água fervente. Cozinhe em fogo baixo por mais 30 minutos. Preaqueça o forno a 180 °C.

Apague o fogo sob o cozido e use dois garfos para desfiar o frango, se necessário, prove e tempere a gosto. Em uma assadeira (25 cm × 35 cm), faça uma camada com o cozido. Por cima, rasgue grosseiramente algumas folhas de massa de lasanha, coloque mais uma camada do cozido, e repita o processo até utilizar tudo. Pressione e afunde seus dedos na massa para criar textura – para que ela fique rústica – depois rale o parmesão por cima. Asse por 40 minutos, ou até que fique dourada e borbulhante. Deixe descansar por 5 minutos e sirva, com o pão ao lado, para afundar no molho.

CALORIAS	GORDURA	G. SATURADA	PROTEÍNA	CARBOIDRATO	AÇÚCAR	SAL	FIBRA	3 PORÇÕES LEG., VERDURAS & FRUTAS
501 kcal	15,8 g	5,8 g	35 g	54,2 g	13 g	1,5 g	9,6 g	

RISOTO DE TOMATE COM MOLHO DE MANJERICÃO & ALHO

Nosso humilde amigo, o tomate, é muito rico em vitamina C, que tem função antioxidante – proteger as nossas células dos danos provocados pelos fatores externos.

SERVE 4
30 MINUTOS

2 cebolas

2 cenouras

2 talos de salsão

azeite de oliva

1,2 litro de caldo de legumes

1 lata de tomate pelado (400 g)

1 maço de manjericão fresco (30 g)

1 dente de alho

azeite de oliva extravirgem

300 g de arroz arbório

½ pimenta-vermelha fresca

300 g de queijo cottage

Descasque as cebolas e as cenouras, apare os talos de salsão e pique tudo em pedaços pequenos. Coloque 1 colher (sopa) de azeite de oliva em uma panela grande de bordas altas sobre fogo médio e junte os legumes picados. Cozinhe por 10 minutos, ou até que fique tenro, mexendo de vez em quando. Em uma panela sobre fogo baixo, ferva lentamente o caldo de legumes com os tomates pelados.

Destaque as folhas de manjericão. Coloque as folhas menores em uma xícara com água gelada e as outras maiores no liquidificador; coloque os talos na panela com o caldo de tomate. Descasque o alho e adicione ao liquidificador, cubra com ½ concha do caldo quente e processe até ficar homogêneo. Adicione 2 colheres (sopa) de azeite de oliva extravirgem e processe de novo.

Acrescente o arroz à panela com os legumes picados e cozinhe por 2 minutos, então comece a adicionar o caldo de tomate gradualmente, uma concha de cada vez, passando-o por uma peneira, e amassando os tomates com uma colher. Mexa bem e espere que cada concha seja absorvida antes de acrescentar a seguinte. Repita isso por 20 minutos, mexendo sempre, até que o arroz esteja cozido, mas ainda mantendo sua forma, e o risoto esteja cremoso. Retire as sementes da pimenta, pique-a bem fino e adicione ao risoto junto com o queijo cottage. Prove e tempere a gosto. Divida as porções, cubra com o molho de manjericão e alho e decore com as folhas de manjericão reservadas.

CALORIAS	GORDURA	G. SATURADA	PROTEÍNA	CARBOIDRATO	AÇÚCAR	SAL	FIBRA	3 PORÇÕES LEG., VERDURAS & FRUTAS
516 kcal	15,4 g	4,2 g	17,1 g	77,7 g	14,8 g	0,6 g	4,1 g	

FUSILLI COM COGUMELO & ALHO AO MOLHO CREMOSO DE TOMILHO TRUFADO

— Os cogumelos mais comuns – aqueles que encontramos nos mercados – são ricos em cobre, mineral que necessitamos para manter os tecidos conjuntivos do nosso corpo fortes e saudáveis. —

SERVE 4
30 MINUTOS

4 dentes de alho

2 cebolas roxas

azeite de oliva

½ maço de tomilho fresco (15 g)

½ colher (chá) de pimenta-vermelha seca em flocos

350 g de cogumelo-de-paris

300 g de fusilli integral

1 colher (sopa) cheia de farinha integral

400 ml de leite semidesnatado

1 colher (chá) de óleo trufado

300 g de queijo cottage

½ maço de salsa (15 g)

1 limão-siciliano

20 g de queijo parmesão

Descasque o alho e a cebola, corte em fatias finas e coloque em uma caçarola larga sobre fogo médio junto com 1 colher (sopa) de azeite de oliva. Destaque as folhas de tomilho do talo e acrescente-as à caçarola, em seguida adicione os flocos de pimenta e cozinhe por 10 minutos, ou até que fique ligeiramente dourado, mexendo algumas vezes. Enquanto isso, fatie os cogumelos o mais fino que puder, coloque três quartos dentro da panela e reserve o restante (isso fará você sentir um lindo contraste entre a profundidade de sabor dos cogumelos cozidos no molho e o sabor mais leve do cogumelo cru que você adicionar mais tarde).

Cozinhe o fusilli em uma panela grande com água salgada fervente de acordo com as instruções da embalagem. Escorra bem, reservando 1 xícara da água do cozimento.

Misture a farinha integral à panela com os cogumelos e cozinhe por 1 minuto, depois acrescente o leite, reduza para fogo baixo e ferva por 5 minutos. Cuidadosamente, transfira a mistura quente para o liquidificador, adicione o óleo trufado e processe até ficar homogêneo (o truque com o óleo trufado é usá-lo sutilmente para dar destaque aos outros sabores, mas não encobri-los). Retorne o molho para a panela e junte a massa escorrida e o queijo cottage. Pique bem as folhas de salsa, adicione e misture bem, afinando com um pouco da água reservada, se necessário. Prove e tempere a gosto, acrescente os cogumelos crus fatiados, divida entre os pratos de servir e finalize polvilhando com raspas da casca do limão e queijo parmesão ralado.

CALORIAS	GORDURA	G. SATURADA	PROTEÍNA	CARBOIDRATO	AÇÚCAR	SAL	FIBRA	2 PORÇÕES LEG., VERDURAS & FRUTAS
498 kcal	14,4 g	5,8 g	25,9 g	69,8 g	14,7 g	0,8 g	10 g	

PENNE AGRIDOCE COM PIMENTÕES, RICOTA & MANJERICÃO

— Pimentões coloridos são muito ricos em vitamina C – com níveis bem mais altos que outros legumes –, o que significa que este prato é perfeito para estimular o sistema imunológico. —

SERVE 4

50 MINUTOS

2 cebolas roxas

2 pimentões vermelhos

2 pimentões amarelos

50 g de pinoli

azeite de oliva

4 dentes de alho

1 colher (chá) de semente de erva-doce

½ colher (chá) de pimenta-vermelha seca em flocos

1 pedaço pequeno de canela em pau

120 g de uva-passa

4 colheres (sopa) de vinagre balsâmico

2 latas de tomate pelado (400 g cada)

300 g de penne integral

75 g de ricota salgada ou queijo feta

4 ramos de manjericão fresco

Descasque as cebolas. Em uma panela larga com água salgada fervente, coloque as cebolas e os pimentões inteiros. Ponha algo por cima, como um escorredor, para fazer peso, de modo que os legumes permaneçam submersos, e ferva por 15 minutos. Use um pegador de cozinha para transferir cuidadosamente as cebolas e os pimentões para uma travessa, deixando a água no fogo o mais baixo possível. Assim que estiverem frios o suficiente para serem manuseados elimine o talo e as sementes dos pimentões e pique grosseiramente, junto com as cebolas.

Toste ligeiramente os pinoli em uma caçarola larga sobre fogo médio até que dourem, mexendo regularmente, então passe para um prato. Adicione 1 colher (sopa) de azeite de oliva à caçarola, em seguida junte o alho em fatias finas, a semente de erva-doce, os flocos de pimenta e a canela em pau. Quando estiverem ligeiramente dourados, pique a uva-passa e acrescente à panela. Junte a cebola e o pimentão picados e cozinhe por 10 minutos. Quando começar a ficar espesso e caramelizado, adicione o vinagre balsâmico e o tomate pelado, esmagando-o com uma colher de pau. Encha cada lata de tomate com água pela metade, dê uma agitada e despeje na panela. Espere ferver, reduza o fogo e cozinhe em fervura baixa por 15 minutos, mexendo algumas vezes. Prove e tempere a gosto, depois descarte a canela em pau.

Enquanto isso, coloque a panela de água para ferver novamente, cozinhe o macarrão de acordo com as instruções da embalagem e escorra, reservando 1 xícara da água do cozimento. Misture a massa com o molho, diluindo com um pouco da água reservada, se necessário. Esmigalhe a ricota e polvilhe por cima junto com os pinoli e as folhas de manjericão.

CALORIAS	GORDURA	G. SATURADA	PROTEÍNA	CARBOIDRATO	AÇÚCAR	SAL	FIBRA	4 PORÇÕES LEG., VERDURAS & FRUTAS
600 kcal	16,7 g	2,7 g	19,3 g	99,4 g	49,6 g	0,4 g	14 g	

SUPERCANELONE DE VERDURAS COM RICOTA CREMOSA & MOLHO DE MANJERICÃO

Este lindo prato celebra a riqueza das verduras. Elas são repletas de nutrientes, como o ácido fólico, que o nosso corpo precisa para produzir glóbulos vermelhos.

SERVE 6

1 HORA 30 MINUTOS

2 cebolas

6 dentes de alho

azeite de oliva

450 g de verduras escuras frescas, como couve, rúcula, almeirão, catalonia, folhas de couve-flor e de brócolis

450 g de espinafre congelado picado

1 noz-moscada inteira, para ralar

½ limão-siciliano

250 g de tubos de canelone

1 pimenta-vermelha fresca

1 maço de manjericão fresco (30 g)

3 latas de tomate pelado (400 g cada)

30 g de queijo parmesão

250 g de ricota

1 ovo grande

200 ml de leite semidesnatado

Descasque as cebolas e 4 dentes de alho e corte em fatias finas. Aqueça 1 colher (sopa) de azeite em uma panela antiaderente larga sobre fogo médio e doure a cebola e o alho. Prepare as verduras: lave as folhas, elimine os talos duros e corte fino. Coloque na panela as verduras picadas, o espinafre congelado e uma boa pitada de noz-moscada. Cozinhe por 15 minutos, depois transfira para um processador, acrescente as raspas da casca do limão e uma espremida do suco, e processe até ficar bem picado. Prove e tempere a gosto. Quando estiver frio o suficiente para ser manuseado, coloque em um saco plástico grande, corte uma ponta e utilize para rechear os tubos de canelone.

Preaqueça o forno a 180 °C. Retorne a panela ao fogo (não há necessidade de lavá-la) com 1 colher (sopa) de azeite. Descasque os 2 dentes de alho restantes e corte em fatias finas, junto com a pimenta-vermelha e os talos de manjericão, adicione à panela e frite até ficarem ligeiramente dourados. Acrescente o tomate, esmagando-o com uma colher. Encha a metade das latas com água, dê uma sacudida e despeje na panela. Espere ferver, depois cozinhe em fervura baixa por 10 minutos. Prove e tempere a gosto – deixe o molho bem úmido, já que a massa irá sugá-lo bem. Despeje em um refratário (25 cm × 30 cm) e arrume os canelones recheados por cima.

Rale o queijo parmesão em um processador (não há necessidade de limpá-lo). Adicione a ricota, o ovo, o leite, as folhas de manjericão e 1 pitada de sal e pimenta-do-reino moída e processe até ficar homogêneo. Despeje sobre o canelone, de modo que todos os tubos fiquem cobertos. Asse na prateleira mais baixa do forno por 40 minutos, ou até que fiquem cozidos. Sirva com pão integral, para aumentar o consumo de carboidratos, e uma salada fresca.

CALORIAS	GORDURA	G. SATURADA	PROTEÍNA	CARBOIDRATO	AÇÚCAR	SAL	FIBRA	3 PORÇÕES LEG., VERDURAS & FRUTAS
383 kcal	12,8 g	5,4 g	21,2 g	46,4 g	14,8 g	0,7 g	7,6 g	

TALHARIM COM LINGUIÇA, BRÓCOLIS, PIMENTA & TOMATE

O brócolis é supernutritivo. É rico em vitamina K, que mantém os nossos ossos fortes e saudáveis, e contém ácido fólico e vitamina C, que estimulam o sistema imunológico.

SERVE 4
45 MINUTOS

350 g de brócolis

4 linguiças de porco frescas

1 a 2 pimentas-vermelhas frescas

azeite de oliva

2 colheres (chá) de semente de erva-doce

4 dentes de alho

2 cebolas

½ maço de orégano fresco (15 g)

2 colheres (sopa) de vinagre de vinho tinto

1 lata de tomate pelado (400 g)

300 g de talharim integral

40 g de queijo parmesão

Corte os buquês de brócolis dos talos. Elimine as extremidades duras, corte os talos ao meio ao comprido e coloque-os em uma panela grande com água fervente salgada, junto com as linguiças e as pimentas inteiras. Tampe a panela, ferva por 5 minutos, depois remova tudo com um pegador, deixando a água fervendo na temperatura mais baixa.

Pique os buquês dos brócolis em pedaços e reserve. Quando as linguiças estiverem frias o suficiente para serem manuseadas, corte-as em fatias finas, bem como os talos dos brócolis e as pimentas. Aqueça 1 colher (sopa) de azeite em uma frigideira larga sobre fogo médio e adicione os ingredientes cortados, a semente de erva-doce e 1 pitada de sal e pimenta-do-reino moída. Enquanto frita, descasque o alho e as cebolas e corte em fatias finas. Quando a linguiça estiver ligeiramente dourada, acrescente o alho, seguido 1 minuto depois pela cebola e pelas folhas de orégano. Cozinhe por 15 minutos, ou até que fiquem tenros, mexendo de vez em quando. Adicione o vinagre e cozinhe até que ele reduza completamente, então acrescente o tomate pelado, esmagando-o com uma colher. Encha as latas com água pela metade, dê uma sacudida e despeje na panela. Cozinhe em fogo baixo por 15 minutos, ou até que engrosse, prove e tempere a gosto.

Coloque a panela de água para ferver novamente e cozinhe o macarrão de acordo com as instruções da embalagem, adicionando os buquês reservados nos últimos 4 minutos. Escorra o macarrão e os brócolis, reservando 1 xícara da água do cozimento. Misture com o molho, afinando com um pouco da água reservada, se necessário. Adicione a maior parte do queijo parmesão ralado e mexa bem. Sirva com o restante do queijo ralado polvilhado por cima.

CALORIAS	GORDURA	G. SATURADA	PROTEÍNA	CARBOIDRATO	AÇÚCAR	SAL	FIBRA	3 PORÇÕES LEG., VERDURAS & FRUTAS
502 kcal	17 g	5,7 g	27 g	64,3 g	12,1 g	1 g	12,1 g	

MASSA PICI DE ESPINAFRE COM MINIABOBRINHA, TOMATE & PINOLI

Ricos em proteína, os pinoli são também fonte de manganês, que protege nossas células, e de gorduras insaturadas, boas para o coração, pois mantêm o colesterol saudável.

SERVE 4
50 MINUTOS

200 g de espinafre fresco

300 g de farinha de trigo tipo 00, mais um pouco para polvilhar

azeite de oliva

4 dentes de alho

½ colher (chá) de pimenta-vermelha seca em flocos

200 g de miniabobrinha

320 g de tomate-cereja maduro

50 g de pinoli

½ maço de manjericão fresco (15 g)

50 g de queijo parmesão ralado

azeite de oliva extravirgem

Em um processador de alimentos, processe o espinafre e a farinha até formar uma bola. Toque a massa – ela não deve estar grudenta, precisa ter consistência de massa de modelar, portanto, adicione um pouco mais de farinha, se necessário. Para a massa pici, sobre uma superfície limpa, corte pedaços de massa de 2 cm e faça rolinhos da espessura de uma vagem fina (a beleza é eles serem todos diferentes, portanto, chame as crianças para ajudar, se for possível). Cozinhe o pici imediatamente, ou deixe-o secando por algumas horas, ou mesmo durante a noite.

Leve ao fogo uma panela grande com água salgada para ferver. Coloque uma frigideira larga com 2 colheres (sopa) de azeite sobre fogo médio. Descasque o alho, pique e adicione à frigideira, junto com os flocos de pimenta. Corte a miniabobrinha em fatias finas, corte o tomate ao meio e acrescente-os. Cozinhe por 5 minutos, misture os pinoli e junte uma concha de água fervente. Deixe no fogo mais baixo possível, enquanto cozinha a massa.

Coloque o pici na panela com água salgada fervente. Se você acabou de enrolar a massa, ela precisará apenas de 5 minutos, mas se deixou-a secando, cozinhe de 8 a 10 minutos – certifique-se de que ela fique al dente. Escorra, reservando 1 xícara da água do cozimento. Volte a massa à panela e despeje a mistura de legumes da frigideira por cima. Reserve as folhas menores de manjericão para decorar, fatie as demais e coloque na panela, junto com a maior parte do queijo parmesão ralado. Misture tudo muito bem, afinando com um pouco da água reservada, se necessário. Divida entre pratos aquecidos e sirva com algumas gotas de azeite de oliva extravirgem, o restante do parmesão e as folhas de manjericão espalhadas por cima.

CALORIAS	GORDURA	G. SATURADA	PROTEÍNA	CARBOIDRATO	AÇÚCAR	SAL	FIBRA	2 PORÇÕES LEG., VERDURAS & FRUTAS
500 kcal	21,6 g	4,3 g	20,2 g	56,6 g	5,8 g	0,4 g	4,7 g	

BOLO DE ESPAGUETE, BERINJELA & TOMATE

— A vantagem do espaguete integral em relação ao branco é que ele contém mais do que o dobro de fibras, e é rico em vitamina B, que conserva saudável o sistema metabólico. —

SERVE 4

1 HORA 30 MINUTOS

1 berinjela grande (350 g)

300 g de espaguete integral seco

azeite de oliva

4 ramos de orégano fresco

2 cebolas roxas

½ a 1 pimenta-vermelha fresca

1 lata de tomate pelado (400 g)

300 g de queijo cottage

2 ovos grandes

30 g de queijo parmesão

70 g de rúcula

1 limão-siciliano

1 colher (sopa) de vinagre balsâmico

Deixe pronto

Prepare no mesmo dia mais cedo e mantenha na geladeira até a hora de assar.

Preaqueça o forno a 180 °C. Coloque a berinjela inteira em uma panela larga com água salgada fervente. Acomode um peso por cima, como um escorredor, de modo que a berinjela permaneça submersa. Cozinhe por 15 minutos, retire a berinjela com um pegador e coloque sobre uma tábua de picar. Adicione o espaguete à água, cozinhe de acordo com as instruções da embalagem, escorra e coloque em uma tigela grande para esfriar.

Enquanto isso, pique grosseiramente a berinjela em pedaços de 1 cm. Coloque sobre fogo médio uma frigideira funda antiaderente que possa ir ao forno com 1 colher (sopa) de azeite, a berinjela picada e as folhas de orégano sem o talo. Descasque as cebolas, corte em fatias finas, bem como a pimenta--vermelha, e acrescente à frigideira. Cozinhe por 15 minutos, ou até que fique dourado e pegajoso, mexendo regularmente. Despeje o tomate da lata, esmagando-o com uma colher, encha metade da lata com água, dê uma sacudida e despeje na frigideira. Espere ferver, reduza para fogo baixo e cozinhe por 10 minutos, ou até que fique espesso. Prove e tempere a gosto.

Despeje o molho de tomate sobre o espaguete na tigela, adicione o queijo cottage, os ovos e a maior parte do queijo parmesão ralado, depois misture tudo muito bem. Transfira para a frigideira, moldando-o em uma camada uniforme e comprimindo-o nas laterais. Coloque a frigideira sobre fogo médio por 2 minutos, em seguida passe para a prateleira inferior do forno e asse por 40 minutos, ou até que doure por inteiro. Desenforme sobre uma tábua de cortar, polvilhe com o restante do queijo parmesão e sirva com a rúcula temperada com limão-siciliano e uma borrifada de vinagre balsâmico.

CALORIAS	GORDURA	G. SATURADA	PROTEÍNA	CARBOIDRATO	AÇÚCAR	SAL	FIBRA	3 PORÇÕES LEG., VERDURAS & FRUTAS
496 kcal	15,7 g	5,8 g	26,7 g	66,2 g	15 g	0,9 g	8,7 g	

RISOTO DE ERVILHA & ESPINAFRE COM HORTELÃ, QUEIJO COTTAGE & PARMESÃO

— O congelador é o seu melhor amigo nesta celebração com ervilhas e o poderoso espinafre, ambos fontes de vitamina C e K que mantêm os nossos ossos fortes e saudáveis. —

SERVE 4
40 MINUTOS

1 cebola

2 talos de salsão

azeite de oliva

1,2 litro de caldo de legumes

300 g de arroz arbório

350 g de espinafre congelado picado

350 g de ervilha congelada

300 g de queijo cottage

½ maço de hortelã fresca (15 g)

15 g de queijo parmesão

Descasque a cebola, apare o talo do salsão, pique-os bem e coloque em uma panela de bordas altas sobre fogo médio com 1 colher (sopa) de azeite. Cozinhe por 10 minutos, ou até que fiquem tenros, mexendo algumas vezes. Em outra panela, sobre fogo baixo, coloque o caldo para ferver lentamente.

Coloque o arroz e o espinafre na panela onde está refogando a cebola e o salsão, misture bem e cozinhe por 2 minutos. Em seguida, comece a adicionar o caldo gradualmente, uma concha de cada vez, esperando que cada concha seja absorvida antes de acrescentar a seguinte. Repita o processo, sempre mexendo, por 20 minutos, ou até que o arroz esteja cozido, mas ainda mantenha o seu formato, e o risoto fique cremoso. Junte metade da ervilha nos últimos minutos.

Em um processador de alimentos, processe a ervilha restante com o queijo cottage e a maior parte das folhas de hortelã até ficar homogêneo. Misture a maior parte desta pasta cremosa com o risoto, prove e tempere a gosto, e divida entre os pratos. Sirva com uma porção do creme por cima, polvilhado com um pouco de queijo ralado e o restante das folhas de hortelã espalhadas.

CALORIAS	GORDURA	G. SATURADA	PROTEÍNA	CARBOIDRATO	AÇÚCAR	SAL	FIBRA	3 PORÇÕES LEG., VERDURAS & FRUTAS
517 kcal	12,1 g	4,6 g	24,8 g	76,8 g	7,4 g	0,5 g	8,3 g	

MACARRÃO COM QUEIJO & ABÓBORA COM CROCANTE DE FEIJÃO

— Utilizando a abóbora para criar um molho cremoso e reconfortante, podemos diminuir a dose de queijo e tirar a manteiga que geralmente usamos no nosso popular mac'n'cheese. —

SERVE 6

1 HORA 30 MINUTOS

1 alho-poró

1 cebola

azeite de oliva

2 abóboras-menina (1,2 kg)

1 colher (sopa) cheia de farinha de trigo integral

500 ml de leite semidesnatado

450 g de massa tipo macaroni

2 colheres (chá) cheias de mostarda-inglesa

300 g de queijo cottage

40 g de queijo parmesão ralado

1 lata de feijão-branco em conserva (400 g)

2 dentes de alho

1 colher (chá) de pimenta-vermelha seca em flocos

2 ramos de alecrim fresco

1 fatia de pão integral (50 g)

Lave e apare o alho-poró, descasque a cebola, corte ambos em fatias finas e coloque em uma panela sobre fogo médio com 1 colher (sopa) de azeite. Cozinhe e mexa de vez em quando, enquanto você corta cuidadosamente o pescoço da abóbora ao meio e retira as sementes, reservando o centro cheio de sementes. Pique a abóbora em pedaços de 2 cm, preservando a casca, e coloque na panela. Cozinhe por 10 minutos, depois acrescente a farinha de trigo, o leite e 500 ml de água. Cozinhe em fogo baixo com a panela semitampada por 35 minutos, ou até que a abóbora esteja cozida por inteiro.

Enquanto isso, preaqueça o forno a 180 °C. Escalde o macaroni por 5 minutos em uma panela larga com água fervente salgada, escorra e coloque de volta na panela. Para preparar o molho, passe o conteúdo da panela com abóbora para um processador e bata até ficar homogêneo (trabalhe em porções, se necessário), e despeje sobre a massa. Adicione a mostarda, o queijo cottage, a maior parte do queijo parmesão ralado e misture bem. Transfira para um refratário (30 cm × 40 cm) com bordas altas e polvilhe com o restante do parmesão. Asse por 40 minutos, ou até que fique dourado e borbulhante.

Quando faltar 15 minutos para a massa ficar pronta, escorra o feijão e toste-o em uma frigideira larga sobre fogo médio-alto por 5 minutos, ou até que os grãos estourem, sacudindo ocasionalmente. Descasque o alho e coloque no processador de alimentos, junte os flocos de pimenta, a polpa com as sementes do centro da abóbora (sem a casca), as folhas de alecrim e o pão e processe até obter um farelo. Adicione ao feijão, misture tudo e toste até ficar crocante e pegajoso. Sirva a massa com o crocante de feijão ao lado e uma salada de folhas temperada com limão-siciliano.

CALORIAS	GORDURA	G. SATURADA	PROTEÍNA	CARBOIDRATO	AÇÚCAR	SAL	FIBRA	2 PORÇÕES LEG., VERDURAS & FRUTAS
566 kcal	11,2 g	4,6 g	26,2 g	94,4 g	19,8 g	0,8 g	10 g	

RISOTO DE CAMARÃO & ERVA-DOCE COM PANCETTA CROCANTE & FLOCOS DE PIMENTA

— Os camarões são ricos em vitamina B12, que precisamos para produzir glóbulos vermelhos, enquanto a erva-doce fornece potássio, que ajuda a normalizar a pressão sanguínea. —

SERVE 4

40 MINUTOS

2 cebolas

1 bulbo de erva-doce

2 tiras de pancetta defumada

azeite de oliva

225 g de camarão grande, descascado

1 litro de caldo de legumes

1 dente de alho

1 pimenta-vermelha fresca

400 g de tomate-cereja maduro

300 g de arroz arbório

½ maço de salsa fresca (15 g)

1 limão-siciliano

300 g de queijo cottage

Descasque as cebolas, apare o bulbo de erva-doce e corte ambos em fatias finas. Coloque a pancetta em uma panela larga de bordas altas sobre fogo médio até que fique crocante e a gordura derreta, depois transfira-a para um prato, deixando na panela a gordura saborosa. Adicione à panela a cebola e a erva-doce, 1 colher (sopa) de azeite e uma borrifada de água. Cozinhe por 10 minutos, ou até que fiquem tenros, mexendo regularmente.

Enquanto isso, utilize uma faquinha afiada para fazer um corte leve no dorso dos camarões e remover a tripa; reserve. Coloque o caldo de legumes para ferver lentamente em fogo baixo com o dente de alho descascado e a pimenta cortada ao meio, sem sementes. Espete cada tomate com a ponta de uma faca e jogue dentro do caldo. Após 1 minuto, retire os tomates com uma colher, espete-os cuidadosamente e retire a pele.

Misture o arroz ao refogado de cebola e erva-doce e cozinhe por 2 minutos, depois comece a adicionar o caldo gradualmente, uma concha de cada vez, passando-o através de uma peneira. Sempre mexendo, espere que cada concha seja absorvida antes de acrescentar a próxima. Repita isso por 20 minutos, ou até que o arroz esteja cozido, mas ainda preservando seu formato, e o risoto esteja cremoso. Misture os camarões e os tomates nos últimos 5 minutos.

Destaque as folhas de salsa do talo sobre uma tábua e rale por cima as raspas de limão. Coloque ao lado a pancetta crocante. Com um garfo, retire do caldo as metades de pimenta e o dente de alho e coloque na tábua. Pique tudo junto para criar lindos flocos. Misture o queijo cottage com o risoto, prove e tempere a gosto. Sirva polvilhado com a mistura picada.

CALORIAS	GORDURA	G. SATURADA	PROTEÍNA	CARBOIDRATO	AÇÚCAR	SAL	FIBRA	2 PORÇÕES LEG., VERDURAS & FRUTAS
501 kcal	10,5 g	3,7 g	26,9 g	75,2 g	12,7 g	0,8 g	4,8 g	

RAVIÓLI DE ABÓBORA & RICOTA COM MOLHO DE TOMATE COM 7 LEGUMES

A ricota cremosa é uma ótima fonte de cálcio e fósforo, essenciais para a saúde dos nossos ossos e dentes, além de conter menos gordura que a maioria dos outros queijos.

SERVE 4

2 HORAS 30 MINUTOS

2 abóboras-menina pequenas (900 g)

250 g de ricota

½ maço de manjericão fresco (15 g)

3 ovos grandes

300 g de farinha de trigo tipo 00, mais um pouco para polvilhar

600 ml de molho de tomate com 7 legumes (veja página 234)

70 g de rúcula

10 g de queijo parmesão ralado

azeite de oliva extravirgem

Preaqueça o forno a 180 °C. Coloque a abóbora inteira em uma assadeira e asse por 1 hora. Adicione a ricota ao lado e asse por mais 30 minutos, ou até que a abóbora esteja cozida por inteiro. Corte-a ao meio dentro da assadeira, descartando a casca e as sementes. Pique as folhas de manjericão. Amasse tudo junto, a abóbora, a ricota e o manjericão, raspando e aproveitando tudo o que ficou grudado na assadeira. Prove, tempere a gosto e deixe esfriar.

Para a massa, coloque os ovos e a farinha no processador e bata até formar uma bola. Trabalhe a massa sobre uma superfície enfarinhada até ficar lisa. Corte ao meio, embale em filme plástico e deixe descansar por 30 minutos.

Amasse uma bola de massa com as mãos. Passe-a através de uma máquina para massas, na espessura mais grossa possível. Reajuste para uma espessura mais fina e passe de novo. Dobre a massa ao meio e passe-a novamente pelas duas espessuras. Repita até obter uma massa supermacia. Passe então a folha de massa por cada rolo, polvilhando-a com farinha conforme for trabalhando. Gire a manivela com uma mão, enquanto a outra sustenta a massa. Por último, passe pela espessura de 1 mm. Estenda a massa e, com um cortador, corte círculos de 12 cm. Coloque 1 colher (chá) cheia de recheio no centro de cada círculo, pincele toda a borda exposta com água, dobre ao meio formando uma meia-lua, pressione levemente a massa para retirar o ar do interior e sele.

Repita o processo com a segunda bola de massa. Aqueça o molho de tomate em fogo médio, enquanto cozinha a massa em porções em uma panela com água fervente salgada por apenas 2 minutos. Misture a massa com o molho e a rúcula e sirva com o queijo ralado, finalizando com gotas de azeite.

CALORIAS	GORDURA	G. SATURADA	PROTEÍNA	CARBOIDRATO	AÇÚCAR	SAL	FIBRA	3 PORÇÕES LEG., VERDURAS & FRUTAS
536 kcal	13,6 g	5,8 g	26 g	79,7 g	19,4 g	0,5 g	8,2 g	

SOPAS

Aconchegantes tigelas de sopas balanceadas que irão estimular seu paladar e satisfazer sua fome

SOPA DE TOMATE COM LETRINHAS, MANJERICÃO & QUEIJO CHEDDAR

Um monte de tomates nos fornece uma alta dose de vitamina C, que mantém as veias fortes, para que nosso coração não precise trabalhar duro para bombear o sangue pelo corpo.

SERVE 4

1 HORA

2 cebolas roxas

2 cenouras

2 talos de salsão

azeite de oliva

½ a 1 pimenta-vermelha fresca

½ cabeça de alho

½ maço de manjericão fresco (15 g)

1,5 kg de tomate-cereja maduro

300 g de macarrão de letrinhas

80 g de queijo cheddar ralado

A ideia desta receita é colocar tudo rapidamente para cozinhar e deixar o fogo fazer seu trabalho, criando uma sopa que recorda o incrível aroma dos tomates frescos. Descasque as cebolas, apare as cenouras e o salsão, pique--os em pedaços de 2 cm e coloque tudo em uma caçarola grande sobre fogo médio-alto junto com 1 colher (sopa) de azeite de oliva. Retire as sementes da pimenta e acrescente, depois esmague e adicione os dentes de alho inteiros com casca. Destaque as folhas menores do manjericão e coloque-as em uma xícara com água gelada; acrescente à caçarola o restante do manjericão (com talo e tudo o mais para um sabor extra incrível). Lave os tomates inteiros e adicione à panela (com os talos, se tiver). Mexa por 5 minutos, depois cubra com 2 litros de água. Deixe ferver por 40 minutos, então apague o fogo.

Coloque ao lado da sopa outra panela com uma peneira grossa sobre ela. Transfira conchas da sopa espessa para a peneira, esmagando bem todos os pedaços, só deixando os talos e as cascas que você poderá descartar conforme for trabalhando. Quando ferver, acrescente o macarrão e mantenha em fogo baixo até cozinhar, prove a sopa e tempere a gosto. Sirva polvilhada com queijo cheddar ralado e as folhas menores de manjericão.

Sobra adorável

Se sobrar, coloque na geladeira. Você descobrirá que, durante a noite, a massa absorverá ainda mais o caldo, transformando-se na cobertura ideal para uma bela torrada de pão integral.

CALORIAS	GORDURA	G. SATURADA	PROTEÍNA	CARBOIDRATO	AÇÚCAR	SAL	FIBRA	3 PORÇÕES LEG., VERDURAS & FRUTAS
487 kcal	13,2 g	5,4 g	18,7 g	78,3 g	22,5 g	0,6 g	18,7 g	

SOPA DE ARROZ, ESPINAFRE & COGUMELOS COM CROCANTE DE PARMESÃO & AVELÃ

Com um quilo do poderoso espinafre, este prato é uma enorme fonte de vitamina K, que o nosso corpo precisa para a saúde dos ossos e para a coagulação sanguínea.

SERVE 4

50 MINUTOS

2 cebolas

2 dentes de alho

2 talos de salsão

2 colheres (sopa) de cogumelo porcini seco

2 ramos de alecrim fresco

azeite de oliva

4 cogumelos portobello grandes

300 g de arroz arbório

1,5 litro de caldo de legumes ou de frango

1 kg de espinafre congelado picado

2 colheres (sopa) de avelã, sem pele

60 g de queijo parmesão

1 noz-moscada inteira, para ralar

4 colheres (sopa) de iogurte natural

1 limão-siciliano

azeite de oliva extravirgem

Preaqueça o forno a 180 °C. Descasque as cebolas e o alho, apare o salsão, junte o porcini e as folhas de alecrim e pique tudo muito bem (ou passe por um processador de alimentos). Coloque sobre fogo médio-alto uma panela grande com 1 colher (sopa) de azeite de oliva. Acrescente os ingredientes picados e cozinhe por 10 minutos, ou até que fiquem tenros, mexendo de vez em quando. Pique fino o cogumelo portobello, adicione à panela e cozinhe por mais 10 minutos. Junte o arroz por 2 minutos, em seguida acrescente o caldo e o espinafre congelado e cozinhe em fogo baixo por 20 minutos, mexendo ocasionalmente.

Enquanto isso, esmague as avelãs em um almofariz até obter uma massa fina. Forre uma assadeira (25 cm × 30 cm) com uma folha de papel-manteiga e unte o papel com 1 colher (chá) de azeite de oliva. Rale o parmesão por cima criando uma superfície espessa e uniforme, polvilhe com a avelã e rale a noz-moscada. Leve ao forno por 12 minutos, ou até que fique dourado – fique de olho! Depois que descansar e esfriar, quebre em pedaços grandes e tire do papel.

Eu gosto de bater cerca de um terço da sopa na panela com um mixer manual e passá-la de novo pela peneira para dar uma textura cremosa, mas você pode deixar do jeito que está, se preferir. Prove, tempere a gosto e divida entre as tigelas de servir. Divida o iogurte, adicione uma espremida de suco de limão-siciliano e regue cada porção com 1 colher (chá) de azeite de oliva extravirgem. Sirva com o crocante de parmesão e avelã.

CALORIAS	GORDURA	G. SATURADA	PROTEÍNA	CARBOIDRATO	AÇÚCAR	SAL	FIBRA	3 PORÇÕES LEG., VERDURAS & FRUTAS
575 kcal	19,4 g	5,3 g	26,6 g	71,9 g	9,4 g	0,5 g	10,2 g	

SOPA PERUANA DE BATATA-DOCE, MILHO, PIMENTÃO, FRANGO & QUINOA

Assim como nos fornece uma boa dose de vitamina C, a batata-doce contém manganês, que precisamos para manter nossos ossos e tecidos conjuntivos fortes e saudáveis.

SERVE 4

1 HORA 10 MINUTOS

1 cebola roxa grande

2 dentes de alho

2 pimentões de cores diferentes

500 g de batata

500 g de batata-doce

1 pimenta-vermelha fresca

2 sobrecoxas de frango, sem pele e desossadas

azeite de oliva

1 pitada de semente de cominho

1 colher (chá) de semente de coentro

2 dentes de alho inteiros

1,5 litro de caldo de frango ou de legumes

2 espigas de milho

2 limões-taiti

150 g de quinoa

1 maço de coentro fresco (30 g)

80 g de queijo feta

Descasque a cebola e pique em cubos de 1 cm, depois descasque o alho e pique fino. Retire as sementes dos pimentões, lave as batatas e as batatas-doces (preservando as cascas para um benefício nutricional extra) e pique tudo em cubos de 2 cm. Pique a pimenta também.

Coloque uma caçarola larga sobre fogo médio-alto. Corte as sobrecoxas de frango em tiras finas e coloque na caçarola com 1 colher (sopa) de azeite de oliva. Cozinhe e mexa, enquanto, em um almofariz, você esmaga as sementes de cominho e de coentro, os dentes de alho e 1 pitada de sal e pimenta-do--reino moída, até obter uma mistura fina. Despeje a mistura de temperos na panela e mexa regularmente até que a carne do frango fique dourada. Acrescente todos os ingredientes picados e cozinhe por 15 minutos, mexendo algumas vezes. Despeje o caldo, espere ferver, reduza para fogo baixo e cozinhe por 30 minutos.

Use uma faca afiada para cortar, cuidadosamente, as espigas de milho em rodelas de 2 cm, dando pancadinhas na faca com um rolo de massa. Corte ao meio 1 limão-taiti e misture na panela com o milho e a quinoa. Cozinhe por mais 15 minutos, ou até que a quinoa e o milho estejam cozidos. Prove e tempere a gosto. Pique as folhas do coentro, esmigalhe o queijo feta e misture ambos na sopa, deixando que tudo fique um pouco despedaçado para você obter uma linda variedade de cores e texturas. Sirva com gomos de limão-taiti para espremer por cima.

CALORIAS	GORDURA	G. SATURADA	PROTEÍNA	CARBOIDRATO	AÇÚCAR	SAL	FIBRA	3 PORÇÕES LEG., VERDURAS & FRUTAS
533 kcal	14,3 g	4,3 g	24,5 g	82,1 g	18,2 g	1,3 g	10,2 g	

SOPA DE FEIJÃO-PRETO COM OVOS POCHÉ, SALSA & TORTILHA

— Esta clássica sopa da Costa Rica põe em destaque o humilde feijão-preto, que é muito rico em proteína, assim como em fibras, que mantêm nossos intestinos funcionando regularmente! —

SERVE 4
50 MINUTOS

2 cebolas roxas

2 dentes de alho

2 talos de salsão

2 pimentões de cores diferentes

azeite de oliva

2 folhas de louro frescas

2 pimentas-vermelhas frescas

2 ramos de tomilho fresco

2 latas de feijão-preto (400 g cada)

4 ovos grandes

½ maço de coentro fresco (15 g)

40 g de queijo feta

½ limão-taiti

4 tortilhas de milho

Descasque as cebolas e o alho, apare o salsão, retire as sementes dos pimentões, pique tudo e coloque em uma caçarola grande sobre fogo médio com 1 colher (sopa) de azeite e as folhas de louro. Corte 1 pimenta-vermelha em rodelas bem finas e adicione à panela, destaque as folhas de tomilho sobre a panela e cozinhe por 10 minutos, ou até que tudo fique tenro, mexendo regularmente.

Despeje o feijão-preto na panela (com o caldo), depois encha metade de cada lata com água, dê uma sacudida e despeje na panela. Espere ferver, cozinhe em fogo baixo por cerca de 30 minutos, ou até que fique espesso. Nesse ponto, use um esmagador para amassar metade da sopa, misturando com o restante para deixá-la linda e cremosa. Prove e tempere a gosto. Quebre os ovos diretamente na sopa para que cozinhem por cerca de 6 minutos e fiquem poché, ou até que fiquem cozidos ao seu gosto.

Enquanto isso, pique bem fino a outra pimenta-vermelha (retire as sementes, se quiser) e o coentro (folhas e talos). Esmigalhe o queijo feta por cima, adicione uma espremida de suco de limão-taiti e continue picando e misturando tudo até obter um molho lindo. Toste as tortilhas diretamente sobre a chama do fogão até que fiquem chamuscadas (ou toste em uma frigideira seca por 30 segundos). Despedace os ovos. Sirva a sopa com o molho e use as tortilhas para mergulhar na sopa.

CALORIAS	GORDURA	G. SATURADA	PROTEÍNA	CARBOIDRATO	AÇÚCAR	SAL	FIBRA	3 PORÇÕES LEG., VERDURAS & FRUTAS
424 kcal	14,5 g	4 g	22,1 g	46,5 g	9,9 g	1,4 g	17,4 g	

MINESTRONE QUATRO ESTAÇÕES, UMA CELEBRAÇÃO DE VEGETAIS

Cada combinação garante as nossas cinco porções diárias de vegetais em apenas uma refeição. Usado minimamente para temperar a sopa, o parmesão é uma boa fonte de cálcio.

CADA RECEITA SERVE 4
1 HORA 10 MINUTOS

RECEITA BÁSICA

2 cebolas

2 cenouras grandes

2 talos de salsão

azeite de oliva

2 folhas de louro fresco

opcional: 1 tira de bacon defumado

2 litros de caldo de legumes ou de frango

1 lata de feijão-branco (400 g)

½ repolho-crespo

150 g de espaguete seco

60 g de queijo parmesão

azeite de oliva extravirgem

4 fatias de pão integral

ESCOLHA A SUA combinação de ingredientes: você precisa ter, no total, 750 g

RECEITA BÁSICA Siga este método qualquer que seja a combinação escolhida. Descasque as cebolas e as cenouras, apare o salsão, depois pique em pedaços pequenos. Coloque em uma caçarola grande sobre fogo médio-baixo com 1 colher (sopa) de azeite de oliva, as folhas de louro e o bacon defumado (se for utilizar). Cozinhe por 20 minutos. Despeje o caldo, deixe ferver e adicione o feijão escorrido. Corte o repolho em tirinhas, removendo os talos, adicione à panela e cozinhe em fogo baixo por 20 minutos. Quebre o espaguete e acrescente nos últimos 10 minutos. Afine o caldo com uma borrifada de água fervente, se necessário, prove e tempere a gosto. Sirva com parmesão ralado, gotas de azeite de oliva extravirgem e as fatias de pão.

COMBINAÇÃO DE PRIMAVERA Pique grosseiramente aspargos e brócolis e adicione nos últimos 15 minutos, com espinafre fresco e salsa fresca picada.

COMBINAÇÃO DE VERÃO Descasque minialcachofras até chegar às folhas pálidas, corte cada uma em quatro partes e esfregue com limão. Fatie uma acelga, retire as sementes de tomates e corte-os em cubos. Adicione com o espaguete, acrescentando ervilhas frescas e favas no final.

COMBINAÇÃO DE OUTONO Descasque uma abóbora, retire as sementes e pique em cubos de 1 cm. Reidrate 20 g de cogumelos porcini em água fervente. Lave cogumelos frescos e fatie-os. Adicione a abóbora e os porcini na primeira etapa da receita básica. Junte os cogumelos frescos com o espaguete.

COMBINAÇÃO DE INVERNO Descasque beterrabas e pique-as em cubos de 1 cm. Pique couve, descartando os talos. Adicione a beterraba na primeira etapa da receita básica, e a couve junto com o repolho.

CALORIAS	GORDURA	G. SATURADA	PROTEÍNA	CARBOIDRATO	AÇÚCAR	SAL	FIBRA	5 PORÇÕES LEG., VERDURAS & FRUTAS
559 kcal	14,1 g	4,3 g	33,2 g	73,4 g	17,6 g	0,9 g	16,8 g	

OS VALORES AQUI INDICADOS SÃO UMA MÉDIA DAS QUATRO RECEITAS ACIMA.

SUPERSOPA DE ALHO-PORÓ & BATATA, TORRADA COM ERVAS, PARMESÃO & AMÊNDOA

— Adicionei couve à sopa de alho-poró e batata, a favorita da família. Assim como o alho-poró, a couve contém vitamina B6, que ajuda a nos manter acordados e alertas. —

SERVE 4
40 MINUTOS

400 g de alho-poró

azeite de oliva

400 g de batata

1,5 litro de caldo de legumes ou de frango

320 g de couve

½ maço de hortelã fresca (15 g)

½ maço de salsa (15 g)

40 g de queijo parmesão

25 g de amêndoa inteira

1 colher (sopa) de vinagre de vinho branco

azeite de oliva extravirgem

4 fatias pequenas de pão integral (35 g cada)

Apare e lave o alho-poró, corte em fatias e coloque em uma caçarola grande sobre fogo médio com 1 colher (sopa) de azeite de oliva. Refogue por 10 minutos, mexendo regularmente, enquanto você lava e fatia a batata (preservando a casca para um benefício nutricional extra), depois coloque-a na caçarola. Acrescente o caldo e ferva por 15 minutos. Destaque as folhas da couve, descartando os talos duros, e adicione à panela nos últimos 5 minutos, empurrando-as para baixo e cobrindo a panela com a tampa.

Enquanto isso, destaque as folhas de hortelã e de salsa e pique-as sobre uma tábua larga. Rale o parmesão por cima, adicione a amêndoa, o vinagre e 1 colher (sopa) de azeite de oliva extravirgem, misture tudo e pique bem. Toste o pão e divida a mistura de ervas sobre as fatias.

Em porções, despeje cuidadosamente o conteúdo da panela em um liquidificador. Coloque a tampa com segurança, cubra com um pano de prato e, segurando-a no local, processe até ficar super-homogêneo. Prove a sopa e tempere a gosto. Divida entre as tigelas e sirva com aquelas adoráveis torradas ao lado.

CALORIAS	GORDURA	G. SATURADA	PROTEÍNA	CARBOIDRATO	AÇÚCAR	SAL	FIBRA	2 PORÇÕES LEG., VERDURAS & FRUTAS
374 kcal	16,6 g	3,5 g	18,4 g	37,3 g	5,3 g	0,7 g	6,6 g	

MULLIGATAWNY COM ARROZ, CORDEIRO, LENTILHA & LEGUMES

As lentilhas e o grão-de-bico enriquecem esta supersopa com fibras. Além disso, o grão-de-bico nos fornece manganês, que mantém os tecidos conjuntivos fortes e saudáveis.

SERVE 6
45 MINUTOS

2 litros de caldo de frango

300 g de arroz integral

azeite de oliva

250 g de carne de cordeiro magra moída

1 colher (chá) cheia de curry em pó

2 dentes de alho

1 pedaço de 6 cm de gengibre

1 maço de coentro fresco (30 g)

2 cebolas

2 cenouras

2 pimentões de cores diferentes

150 g de lentilha vermelha

400 g de grão-de-bico cozido

1 lata de tomate pelado (400 g)

150 g de ervilha congelada

80 g de espinafre congelado picado

6 paparis crus

6 colheres (sopa) de iogurte natural

Coloque o caldo dentro de uma panela grande sobre fogo médio-alto e, quando ferver, cozinhe o arroz de acordo com as instruções da embalagem. Enquanto isso, coloque uma caçarola grande sobre fogo médio-alto com 1 colher (sopa) de azeite de oliva, a carne de cordeiro moída e o curry. Mexa várias vezes enquanto descasca o alho e o gengibre e pica os talos de coentro (reserve as folhas). Descasque as cebolas e as cenouras, retire as sementes dos pimentões e pique tudo em pedaços de 1 cm.

Quando a carne de cordeiro estiver bem dourada, acrescente o alho, o gengibre e os talos de coentro à panela e, 1 minuto depois, os legumes picados. Cozinhe por 10 minutos, acrescente a lentilha, o grão-de-bico e os tomates pelados, esmagando-os com uma colher de pau. Misture com o caldo e o arroz, então cozinhe em fogo baixo por 10 minutos, ou até que fique espesso e delicioso, adicionando borrifadas de água para afinar, se necessário. Acrescente a ervilha e o espinafre congelados um pouco antes de terminar o cozimento, para aquecê-los bem, prove e tempere a gosto.

Um a um, esquente os paparis no micro-ondas por cerca de 30 segundos cada. Sirva a sopa em tigelas, cada uma com uma colherada de iogurte natural e um paparis ao lado, salpicada de folhas de coentro.

Troca vegetariana

Torne o prato vegetariano usando caldo de legumes e substituindo a carne de cordeiro por igual quantidade de cogumelos picados.

CALORIAS	GORDURA	G. SATURADA	PROTEÍNA	CARBOIDRATO	AÇÚCAR	SAL	FIBRA	4 PORÇÕES
577 kcal	14,2 g	4,3 g	35,2 g	80,6 g	13,3 g	0,9 g	10 g	LEG., VERDURAS & FRUTAS

CAÇAROLA COREANA DE FRANGO COM NOODLES, COGUMELO, TOFU & KIMCHEE

Mesmo muito salgadas, quando usadas com moderação, as verduras fermentadas, como o kimchee, são uma fonte de probióticos que mantêm saudáveis as bactérias do intestino.

SERVE 4

1 HORA 10 MINUTOS

150 g de cogumelo shiitake

2 cenouras grandes

1 maço de cebolinha-verde

350 g de tofu firme

4 sobrecoxas de frango

1 litro de caldo de frango

1 colher (chá) de shoyu, com baixo teor de sódio

2 colheres (chá) de pasta coreana de pimenta-vermelha

200 g de kimchee (encontrado em lojas de produtos asiáticos)

250 g de noodles integral

2 colheres (chá) de óleo de gergelim

2 colheres (chá) de semente de gergelim

1 limão-taiti

Limpe os cogumelos com um pano úmido, apare os talos, corte os cogumelos maiores ao meio, depois toste-os em uma caçarola antiaderente seca sobre fogo médio por 5 minutos, ou até que fiquem bem dourados e acastanhados, virando-os na metade do tempo do cozimento. Enquanto isso, descasque as cenouras e corte-as em rodelas diagonais finas. Apare e fatie grosseiramente as cebolinhas-verdes. Escorra o tofu e pique em oito pedaços.

Retire a pele das sobrecoxas de frango e descarte. Utilize a ponta de uma faca para cortar cada sobrecoxa em três partes, dando batidas firmes na faca com o rolo de massa para cortar o osso – mantê-los adicionará mais sabor ao caldo. Transfira o cogumelo para um prato e adicione o frango e a cenoura à caçarola. Cozinhe por 10 minutos, mexendo regularmente. Despeje o caldo, espere ferver, depois cozinhe em fogo baixo por 20 minutos. Acrescente a cebolinha picada, o cogumelo, o tofu, o shoyu e a pasta de pimenta-vermelha e cozinhe lentamente por mais 20 minutos. Pique o kimchee, acrescente à panela e misture um pouco antes de servir (isto significa que ele não será muito exposto ao calor, de modo que manterá todos os benefícios nutritivos).

Enquanto a sopa estiver cozinhando em fervura baixa, cozinhe os noodles de acordo com as instruções da embalagem e escorra. Misture com a semente e o óleo de gergelim, e divida entre as tigelas. Prove o caldo, tempere a gosto, depois esprema o suco de limão para adicionar contraste. Divida entre as tigelas com os noodles quentes e aproveite!

CALORIAS	GORDURA	G. SATURADA	PROTEÍNA	CARBOIDRATO	AÇÚCAR	SAL	FIBRA	2 PORÇÕES LEG., VERDURAS & FRUTAS
501 kcal	13,2 g	3,1 g	37,8 g	56,1 g	8,1 g	1,4 g	5,7 g	

SOPA NAVAJA COM ABÓBORA, FEIJÃO, POLENTA & PÃO

— O feijão adiciona cor ao prato e é uma fonte vegetal de proteínas. Além disso, contém magnésio, que precisamos para que nossos músculos funcionem apropriadamente. —

SERVE 4

1 HORA 10 MINUTOS

2 abóboras-menina (1,2 kg)

1 cebola

azeite de oliva

1,5 litro de caldo de legumes ou de frango

100 g de polenta

2 latas de feijão-rajado ou feijão--carioca (400 g cada)

200 g de farinha de trigo integral

200 g de iogurte natural

1 maço de cebolinha-francesa (30 g)

Preaqueca o forno a 180 °C. Lave a abóbora (não precisa descascar), corte-a cuidadosamente ao comprido, depois corte-a pela metade de novo, separando-a em quatro pedaços. Remova as sementes. Acomode em uma assadeira, tempere com sal e pimenta-do-reino moída e asse por 1 hora, ou até que fique cozida por dentro.

Após 30 minutos, descasque a cebola, pique e coloque em uma caçarola grande sobre fogo médio-baixo com 1 colher (sopa) de azeite de oliva e uma borrifada de água. Cozinhe por 10 minutos, ou até que a cebola fique tenra, mexendo de vez em quando. Despeje o caldo de legumes ou de frango na panela e deixe ferver, em seguida adicione a polenta e bata (use um batedor de ovos, isso engrossará gradualmente a sopa, dando uma textura maravilhosa). Adicione o feijão (com o líquido da conserva), e deixe em fervura lenta no fogo mais baixo possível até que a abóbora esteja cozida.

Enquanto isso, preaqueça uma frigideira de grelhar sobre fogo alto. Misture a farinha, o iogurte e uma pitada de sal e mexa até formar uma bola de massa. Sobre uma superfície limpa polvilhada com farinha, divida a massa em quatro pedaços de mesmo tamanho. Abra cada pedaço de massa até que fique bem fino e grelhe na frigideira seca até que fique com marcas da grelha dos dois lados.

Pique a abóbora macia, fatie a cebolinha-francesa e misture-as com a sopa. Prove e tempere a gosto, ajuste a consistência com um pouco de água, depois sirva imediatamente com os pães grelhados.

CALORIAS	GORDURA	G. SATURADA	PROTEÍNA	CARBOIDRATO	AÇÚCAR	SAL	FIBRA	2 PORÇÕES LEG., VERDURAS & FRUTAS
554 kcal	8,3 g	2,2 g	25,5 g	97,6 g	21,4 g	1,2 g	25,5 g	

RECEITAS PARA ESTOCAR

Aquelas receitas sem as quais a gente não vive, para ter sempre na geladeira, ajudando a adiantar futuras refeições

NUGGETS DE FRANGO EMPANADOS EM PARMESÃO & PÁPRICA DOCE

— Usando pão integral no lugar de pão branco para empanar aumentamos a ingestão de fibras. E diminuímos as calorias quando assamos esses petiscos ao invés de fritar. —

RENDE 10 PORÇÕES

30 MINUTOS

MAIS O TEMPO DE MARINAR

1 kg de peito de frango, sem pele

2 dentes de alho

1 colher (chá) rasa de páprica defumada

1 colher (sopa) cheia de iogurte grego

1 ovo grande

1 limão-siciliano

250 g de pão integral

50 g de queijo parmesão

azeite de oliva

Comece cortando os peitos de frango em pedaços do tamanho de nuggets. O jeito mais fácil de fazer isso é usar uma balança para começar fazendo certo. O objetivo é que cada nugget tenha pouco mais do que 30 g, isso dará uma referência visual para os outros pedaços. Corte toda a carne de frango, colocando os pedaços numa bandeja conforme forem ficando prontos.

Para fazer a marinada, esprema os dentes de alho descascados sobre o frango. Adicione a páprica, o iogurte, o ovo e 1 boa pitada de sal e de pimenta-do--reino. Espalhe raspas finas de limão e esprema todo o suco por cima. Use suas mãos para massagear todo esse sabor na carne. Cubra e deixe marinar na geladeira por 1 hora, pelo menos, ou de um dia para o outro.

Pique o pão e coloque no processador, junte o queijo parmesão ralado bem fino e 2 colheres (sopa) de azeite de oliva e bata até obter uma farinha de rosca grossa. Espalhe numa bandeja grande e rasa. Trabalhando por lotes, use dois garfos para transferir os pedaços de frango para a farinha de rosca e para apertar cuidadosamente a farinha sobre cada pedaço para que fique bem empanado. Transfira os nuggets para uma bandeja funda forrada com papel-manteiga, fazendo camadas de nuggets intercaladas por folhas de papel (você terá mais farinha de rosca do que o necessário, mas fica mais fácil para trabalhar – descarte a sobra). Asse em seguida ou congele na bandeja – uma vez congelados, guarde em embalagens apropriadas para freezer.

Para assar, coloque a quantidade desejada de nuggets numa assadeira e leve ao forno preaquecido a 180 °C por 15 a 20 minutos, ou até que estejam dourados e bem assados.

CALORIAS	GORDURA	G. SATURADA	PROTEÍNA	CARBOIDRATO	AÇÚCAR	SAL	FIBRA
230 kcal	7,8 g	2,4 g	29,4 g	10 g	0,9 g	0,7 g	1,6 g

CHICKEN NUGGETS
X 10 PORTIONS
14/02/16

RAGU DE CARNE MOÍDA COM LEGUMES, FEIJÃO & TOMATE SECO

Aumentar a carne moída com feijão é ótimo, pois significa que acrescentamos proteína sem adicionar mais gorduras saturadas da carne. Além disso, o feijão nos oferece fibras.

RENDE 10 PORÇÕES (3KG)
1 HORA 50 MINUTOS

2 fatias de bacon defumado

azeite de oliva

1 kg de carne moída magra

2 latas de feijão em conserva (400 g cada)

2 ramos de alecrim fresco

2 folhas de louro

opcional: vinho Chianti

2 cebolas grandes

2 cenouras grandes

1 coração de salsão

280 g de tomate seco conservado em óleo

2 colheres (sopa) de vinagre balsâmico

2 latas de tomate pelado (400 g cada)

Este molho é muito prático para se ter de reserva na geladeira ou no freezer. Pode ser usado de muitas maneiras: sirva simplesmente com macarrão ou em sanduíches com pão, sobre batata assada, em torta de queijo cottage, na lasanha, no canelone.

Pique o bacon bem fino e coloque numa caçarola grande, em fogo médio, com 1 colher (sopa) de azeite de oliva. Quando estiver dourado, junte a carne moída, usando a colher de pau para soltar. Coloque o feijão escorrido, as folhas de alecrim bem picadas e as folhas de louro. Refogue por 20 minutos, ou até dourar bem, mexendo a cada pouco. Sempre que começar a grudar no fundo, adicione um jato de vinho (se estiver usando) ou de água para soltar todos os pedacinhos. Aqueça o forno a 200 °C.

Descasque as cebolas e as cenouras, elimine as extremidades do salsão e corte tudo bem fino (a mão ou no processador). Coloque tudo na caçarola e refogue por mais 15 minutos. Coloque o tomate seco no liquidificador, adicione o vinagre balsâmico e bata até ficar homogêneo. Adicione 2 colheres (sopa) deste molho ao ragu na caçarola e guarde o restante na geladeira para usar outro dia – fica delicioso passado sobre carnes, peixes ou legumes antes de assar ou grelhar, ou sobre torradas.

Despeje o tomate pelado na caçarola e 2 latas (do tomate) de água. Misture bem, deixe ferver e coloque no forno, destampada, por 1 hora, ou até que tenha reduzido e ficado grosso. Prove, tempere a gosto e deixe esfriar. Quando estiver frio, divida em porções e guarde na geladeira ou no freezer até quando precisar usar.

CALORIAS	GORDURA	G. SATURADA	PROTEÍNA	CARBOIDRATO	AÇÚCAR	SAL	FIBRA	2 PORÇÕES LEG., VERDURAS & FRUTAS
250 kcal	9 g	3 g	25,8 g	15,2 g	7 g	0,5 g	5 g	

PALITOS DE PEIXE GIGANTES EMPANADOS, DOURADOS & CROCANTES

— Um dos favoritos da família, não pode faltar no freezer. Peixe, especialmente o salmão, tem o ácido-graxo ômega 3 que é essencial para manter saudável o nível do colesterol. —

RENDE 10 PORÇÕES
25 MINUTOS

1,2 kg de salmão, sem pele nem espinhas

2 ovos grandes

1 colher (chá) de páprica defumada

250 g de pão integral

30 g de queijo cheddar

azeite de oliva extravirgem

Você sabia?

As laterais do salmão estão frequentemente em oferta, porque o filé tem maior demanda no mercado – isto é uma das realidades da indústria do peixe. Assim, quando você encontrar laterais de salmão em oferta, não perca essa oportunidade!

Uma coisa tão simples e comum como palitos de peixe pode ser ainda mais nutritiva se você mesmo preparar e, melhor, você pode fazer no tamanho que quiser. Eu prefiro os gigantes! Gosto de usar salmão, mas peixes brancos também são adequados!

Corte o peixe em 10 porções de 120 g. O formato do salmão não permite que todos os pedaços fiquem iguais, mas isso faz parte do charme. Eu procuro cortar no sentido do comprimento, com cerca de 3 cm de grossura, e depois em pedaços.

Bata os ovos com a páprica e 1 pitada de sal e pimenta-do-reino. Coloque o pão no processador, junte o queijo ralado e 2 colheres (sopa) de azeite de oliva e bata até obter uma farinha de rosca grossa. Coloque numa bandeja. Passe cada pedaço de peixe no ovo, escorra e passe pela farinha de rosca até ficar bem empanado. Coloque numa bandeja forrada com papel-manteiga, fazendo camadas intercaladas por folhas de papel até que todos estejam empanados (provavelmente você terá mais farinha de rosca do que o necessário, mas fica mais fácil para trabalhar – descarte o que sobrar). Asse em seguida ou congele na bandeja – uma vez congelados, guarde em embalagens próprias para congelamento para facilitar a armazenagem.

Para assar quando estiverem frescos, coloque a quantidade de palitos de peixe que você precisa numa assadeira e leve ao forno preaquecido a 200 °C por 6 a 10 minutos, ou 20 minutos se estiverem congelados, ou até que fiquem dourados e bem assados.

CALORIAS	GORDURA	G. SATURADA	PROTEÍNA	CARBOIDRATO	AÇÚCAR	SAL	FIBRA
325 kcal	18,6 g	3,8 g	29,1 g	9,5 g	0,6 g	0,5 g	1,6 g

120 g

FRANGO COZIDO DA SEMANA
CALDO INCRIVELMENTE SABOROSO

O frango nos fornece selênio, necessário para várias funções, desde garantir o bom funcionamento do sistema imunológico até para manter saudáveis os cabelos e as unhas.

CALDO: 3,5 LITROS
FRANGO: 8 PORÇÕES
3 HORAS

1 frango inteiro (1,8 kg)

2 folhas de louro frescas

1 maço de salsa fresca (30 g)

1 alho-poró

1 cenoura

1 talo de salsão

1 cebola

azeite de oliva extravirgem

Esta é uma tarefa que eu costumo fazer todos os fins de semana. Não quero gastar o dia todo cozinhando ossos para fazer um caldo. Porém, gosto muito de fazer um caldo saboroso como o desta receita, cozinhando um frango tenro para saborear e, ao mesmo tempo, criando a base para algumas refeições da semana.

Pegue o maior caldeirão que tiver e coloque dentro o frango inteiro. Adicione o louro, a salsa e 1 boa pitada de sal e pimenta-do-reino. Lave o alho-poró, a cenoura e o salsão e pique grosseiramente. Descasque a cebola e corte em quatro. Coloque tudo no caldeirão e despeje quatro litros de água (o frango deve ficar coberto pela água). Leve ao fogo médio até levantar fervura e deixe cozinhar por 1 hora e 30 minutos, virando de vez em quando. Evite a fervura alta, assim a carne continuará tenra.

Usando pegadores, retire o frango com cuidado e coloque numa tigela grande para esfriar um pouco. Deixe o caldo no fogo por mais 1 hora e 30 minutos, para intensificar o sabor. Quando o frango estiver frio o suficiente para ser manuseado, separe a carne da carcaça, descartando a pele e colocando os ossos de volta no caldo para dar mais sabor. Besunte o frango com 1 colher (sopa) de azeite de oliva e, quando estiver completamente frio, guarde na geladeira por até 3 dias, pronto para ser usado em saladas, sanduíches e refogados.

Peneire o caldo, descartando o que ficar na peneira. Resfrie e coloque na geladeira. Ele vai virar uma geleia e estará bom para ser usado por até 1 semana, ou coloque em recipientes adequados e congele. Se quiser, você pode colocar alguns legumes a mais.

CALORIAS	GORDURA	G. SATURADA	PROTEÍNA	CARBOIDRATO	AÇÚCAR	SAL	FIBRA
175 kcal	8,3 g	2,1 g	24,7 g	0,4 g	0,3 g	0,4 g	0 g

PESTO SUPER-RÁPIDO DE AMÊNDOA, PARMESÃO & MUITO MANJERICÃO

— As amêndoas e pinoli deste pesto nos fornecem proteínas, bem como outros nutrientes, incluindo uma boa dose de vitamina E, que protege nossas células do envelhecimento. —

RENDE 16 PORÇÕES
15 MINUTOS

200 g de queijo parmesão

2 maços grandes de manjericão (60 g cada)

2 dentes de alho

100 g de pinoli

100 g de amêndoa, sem pele

1 limão-siciliano

100 ml de azeite de oliva extravirgem

O pesto é algo muito fácil de preparar. Você vai se perguntar por que nunca criou antes o hábito de fazê-lo. As quantidades indicadas aqui significam que você pode usar embalagens inteiras de queijo parmesão, pinoli e amêndoas (sem deixar sobras!) e o modo de fazer é tão simples que qualquer um consegue. Esta é uma daquelas receitas onde o mínimo esforço é recompensado com o máximo sabor.

Descarte a casca do queijo parmesão, corte em pedaços e coloque no processador. Adicione o manjericão eliminando apenas a parte mais rígida dos talos. Junte o alho descascado, os pinoli e as amêndoas. Acrescente raspas finas da casca do limão, todo o suco do limão e o azeite de oliva extravirgem. Processe até que fique com boa consistência.

O pesto fresco se conserva bem na geladeira por até 3 dias (guardado em um vidro) e congela muito bem. O modo mais fácil de congelar é enrolar o pesto em papel-manteiga formando um rolo e torcer as pontas para fechar. Coloque no freezer por 2 horas e, antes que fique completamente congelado, desembrulhe e corte em fatias de acordo com o número de porções que desejar. Junte as fatias, embrulhe novamente e deixe no freezer – pode ser guardado por pelo menos 3 meses. Para usar, deixe a fatia descongelar na geladeira de um dia para o outro, ou coloque diretamente na panela para derreter.

CALORIAS	GORDURA	G. SATURADA	PROTEÍNA	CARBOIDRATO	AÇÚCAR	SAL	FIBRA
188 kcal	17,3 g	3,8 g	7 g	1,3 g	0,7 g	0,2 g	0 g

PHILIPS | Jamie Oliver

MOLHO DE TOMATE COM 7 LEGUMES
CONSUMINDO MICRONUTRIENTES SEM PERCEBER

Abarrotado de legumes nutritivos, este é um dos melhores caminhos para consumir porções extras de legumes, enriquecendo nossa dieta com todo tipo de micronutrientes.

RENDE 3 ½ A 4 LITROS
1 HORA

2 cebolas pequenas

2 alhos-porós pequenos

2 talos de salsão

2 cenouras

2 abobrinhas

2 pimentões vermelhos

½ abóbora-menina (600 g)

2 dentes de alho

azeite de oliva

2 colheres (chá) de orégano seco

4 latas de tomate pelado (400 g cada)

Comece preparando os legumes. Você pode picar à mão e praticar suas habilidades manuais, ou colocar tudo no processador de alimentos. Descasque as cebolas, lave e limpe o alho-poró, o salsão, as cenouras e as abobrinhas. Tire as sementes do pimentão e da abóbora (não precisa descascar). Pique tudo finamente. Descasque o alho e pique bem à mão.

Coloque uma panela bem grande em fogo médio com 2 colheres (sopa) de azeite de oliva. Adicione o alho e o orégano, refogue por 1 minuto e, em seguida, junte os legumes. Tampe e cozinhe por 25 minutos, ou até que os legumes fiquem macios, mas sem mudar de cor, mexendo com frequência. Despeje os tomates pelados, esmagando-os com uma colher de pau. Encha pouco menos da metade de cada lata (do tomate) com água, dê uma sacudida e despeje na panela. Cozinhe por mais 25 minutos, ou até o molho reduzir. Deixe esfriar um pouco, bata no liquidificador (ou processador) até ficar homogêneo, prove e tempere a gosto.

Siga as safras

É sempre bom comemorar as mudanças de estação e adicionar novos legumes à lista, dependendo do que está na safra, que é a melhor época.

Congela muito bem

Divida esta receita em porções e congele para usar em refeições futuras como na Falsa pizzetta (veja página 94) ou em massas simples (veja páginas 54 a 56). Em receitas que usam mais de 1 lata de tomate, substitua uma delas por este molho para incrementar o sabor.

CALORIAS	GORDURA	G. SATURADA	PROTEÍNA	CARBOIDRATO	AÇÚCAR	SAL	FIBRA
32 kcal	1 g	0,1 g	1,3 g	4,8 g	3,6 g	0,1 g	1 g

ESTES VALORES SÃO BASEADOS EM 100 ML DE MOLHO.

FREEZER TIPS
* Label and date bags clearly so you can rotate food efficiently.
* If food has thawed, do not refreeze. Use as soon as possible.
* Cook vegetables from frozen.
* Freeze food in meal size portions for convenience and to avoid waste.
DATE
14/02/16
CONTENTS
7-VEG SAUCE

PASTAS DE CURRY
KORMA, JALFREZI & THAI GREEN

Mesmo usadas em pequenas quantidades, estas pastas são benéficas, pois combinam especiarias repletas de nutrientes, como o cominho, a mostarda e o coentro ricos em ferro.

CADA PASTA RENDE 10 PORÇÕES

KORMA Toste **2 colheres (chá) de semente de cominho** e **1 colher (chá) de semente de coentro** numa frigideira por 2 minutos. Passe para o processador. Coloque **2 dentes de alho** descascados, 1 pedaço de **5 cm de gengibre**, **1 colher (chá) de garam masala**, ½ colher (chá) de sal, **2 colheres (sopa) de óleo de amendoim**, **1 colher (sopa) de purê de tomate**, **2 pimentas-verdes frescas**, **3 colheres (sopa) de coco ralado seco**, **2 colheres (sopa) de amêndoa moída** e **½ maço de coentro fresco (15 g)**. Junte o suco de **½ limão-siciliano** e bata até obter uma pasta, parando para raspar os lados na metade do tempo.

JALFREZI Toste **2 colheres (chá) de semente de cominho**, **1 colher (chá) de cada: semente de coentro**, **feno-grego** e **mostarda-preta** numa frigideira por 2 minutos. Coloque tudo no processador. Junte **2 dentes de alho** descascados, 1 pedaço de **5 cm de gengibre**, **1 colher (chá) de cúrcuma moída**, ½ colher (chá) de sal, **2 colheres (sopa) de óleo de amendoim**, **2 colheres (sopa) de purê de tomate**, **1 pimenta-vermelha fresca** e **½ maço de coentro fresco (15 g)**. Adicione o suco de **½ limão-siciliano** e bata até obter uma pasta, parando para raspar os lados na metade do tempo.

THAI GREEN Toste **1 colher (chá) de semente de cominho** numa frigideira por 2 minutos e passe para um processador. Junte **2 dentes de alho** descascados, **2 echalotas**, 1 pedaço de **5 cm de gengibre**, **4 folhas de limão kaffir**, **2 colheres (sopa) de óleo de amendoim**, **2 colheres (sopa) de molho de peixe**, **4 pimentas-verdes frescas**, **2 colheres (sopa) de coco ralado seco** e **1 maço de coentro fresco (30 g)**. Esmague **2 folhas de capim-cidreira**, remova as laterais da haste e coloque o talo central no processador. Adicione o suco de **½ limão-siciliano** e bata até obter uma pasta, parando para raspar os lados na metade do tempo.

PARA ARMAZENAR Forre o fundo de uma caixa de ovos com filme plástico, coloque 1 colher (sopa) bem cheia de pasta em cinco espaços, cubra com filme plástico e congele. Cada bola equivale a 2 porções.

CALORIAS	GORDURA	G. SATURADA	PROTEÍNA	CARBOIDRATO	AÇÚCAR	SAL	FIBRA
41 kcal	3,8 g	1 g	1 g	1,4 g	0,8 g	0,3 g	0,5 g

ESTES VALORES SÃO UMA MÉDIA DAS TRÊS RECEITAS ACIMA.

FRUTAS COZIDAS
MAÇÃ & PERA, LARANJA & BAUNILHA

Como toda fruta já contém seu próprio açúcar natural, esta receita proporciona um delicioso resultado com zero adição de açúcar, sem contar os nutrientes das frutas.

RENDE 16 PORÇÕES

2 HORAS 30 MINUTOS

1 kg de maçã Fuji

1 kg de pera

3 laranjas

1 folha de louro fresca

1 pitada de canela em pó

1 fava de baunilha

Toda semana fazemos esta receita em casa. Você pode simplesmente cozinhar a fruta, ou deixar apurando bem devagar em fogo muito baixo até ficar uma geleia – eu costumo fazer meio a meio.

Descasque e remova o miolo das maçãs e das peras. Corte cada uma em quatro partes e vá colocando em uma caçarola grande antiaderente. Quando for época, é sempre gratificante juntar um punhado de amora ou framboesa. Esprema todo o suco das laranjas e despeje por cima, adicione um jato de água, a folha de louro e a canela. Corte a fava de baunilha ao meio no sentido do comprimento, raspe as sementes e adicione as favas e as sementes à panela. Leve ao fogo médio, tampado, por 40 minutos, ou até que a fruta esteja macia e bem cozida, mexendo de vez em quando.

Neste momento você pode escolher entre deixar assim, esperando esfriar para colocar na geladeira e ter pronta para ser consumida sobre mingaus, iogurte ou granola, para colocar nos smoothies, comer como sobremesa ou até para adocicar cozidos e molhos; ou pode cozinhar até o ponto de geleia ou doce de fruta (como a goiabada, por exemplo). Para isso, deixe em fogo muito baixo, destampado, por cerca de 1 hora e 20 minutos, esmagando as frutas de vez em quando, até que fique escuro, mais denso e pastoso, e que seja possível espalhar com facilidade. Pode confiar, é possível deixá-lo apurando até esse ponto. Quando esfriar, coloque em vidros e guarde na geladeira. Fica delicioso para espalhar no pão integral, em torradas, biscoitos, bolos ou waffles. Aproveite!

CALORIAS	GORDURA	G. SATURADA	PROTEÍNA	CARBOIDRATO	AÇÚCAR	SAL	FIBRA	1 PORÇÃO LEG., VERDURAS & FRUTAS
57 kcal	0,2 g	0 g	0,6 g	14,2 g	14 g	0 g	2,6 g	

PICOLÉS DE FRUTAS MUITA INSPIRAÇÃO, MUITA DIVERSÃO

Aproveitando a doçura natural da fruta, estes picolés coloridos evitam a adição de açúcar, o que é comum nos comprados prontos, proporcionando um lanche divertido e nutritivo.

Depois do jantar, minhas filhas sempre pedem alguma coisa doce e, além de frutas e iogurte, uma das coisas que sempre temos em estoque são picolés feitos em casa. Muitos picolés recebem uma luz vermelha na escala nutricional e são devorados num minuto, mas garantem que as crianças fiquem quietas por 8 minutos inteiros e que comam um pouco de fruta. São muito fáceis de fazer, você pode envolver as crianças mantendo-as todas juntas, mais o meu grande amor por elas, eu e Jools incluídos! Abaixo estão os nossos favoritos, mas sinta-se à vontade para criar os seus e variar as quantidades para adequar ao seu gosto – não se esqueça de diluir qualquer suco de fruta puro com água ou água de coco e experimente as suas misturas antes de congelar para verificar o equilíbrio dos sabores das frutas.

1. Bata no liquidificador **pedaços de manga frescos ou congelados**, um pouco de raspas de **limão**, uma boa espremida de suco de limão e um pouco de **água de coco**. Divida em forminhas de picolé e congele.

2. Corte ao meio um **maracujá** murcho e enrugado, remova as sementes e divida-as entre forminhas de picolé. Esprema suco de **mexerica** numa jarra, dilua com água, divida entre as forminhas e congele.

3. Descasque um pedaço de **melancia**, descasque e remova o miolo de **maçãs** e bata no processador com um pouco de **gengibre** descascado e ralado bem fino. Divida em forminhas de picolé e congele (ou mantenha os sabores separados congelando as frutas em camadas).

4. Coloque **1 banana madura** no liquidificador, adicione 1 colher (chá) de **cacau em pó** e 200 ml de **leite de amêndoa**. Bata até ficar homogêneo, divida em forminhas de picolé e congele.

5. Despeje 1 lata de **abacaxi em conserva** (suco e tudo) no liquidificador com algumas **folhas de hortelã** fresca e adicione um pouco de **água de coco**. Bata até ficar homogêneo, divida em forminhas de picolé e congele.

6. Coloque **suco de maçã sem adição de açúcar** no liquidificador com igual quantidade de água. Adicione **amoras, mirtilos** e 1 pitada de **canela em pó**. Bata até ficar homogêneo, divida em forminhas de picolé e congele.

7. Escorra 1 lata de **lichia em conserva**. Descasque e remova as sementes de um **melão**. Bata tudo no liquidificador com raspas e suco de **limão** até ficar homogêneo. Divida em forminhas de picolé e congele.

SAÚDE & FELICIDADE

Dicas, truques e conselhos sobre alimentação, nutrição e bem-estar para ajudar você e a sua família a viver bem

Minha filosofia de comida saudável

ENERGIA & REFEIÇÕES BALANCEADAS

Balancear refeições é fundamental. Se fizer isso corretamente e controlar suas porções – o que eu já fiz em todas as receitas deste livro – você estará dando um grande passo na direção da sua saúde.

Você não precisa ser rigoroso todos os dias – basta garantir o equilíbrio ao longo da semana. Se comer carne e peixe nas refeições principais, consuma pelo menos duas porções de peixe por semana – uma das quais deve ser de um peixe oleoso (como salmão, truta, sardinha ou cavalinha) – então divida as outras refeições entre magníficas opções sem carne, à base de vegetais, um pouco de aves e carne vermelha. Uma dieta vegetariana também pode ser perfeitamente saudável.

Como balancear suas refeições

OS CINCO GRUPOS DE ALIMENTOS	PROPORÇÃO DO SEU PRATO
Legumes, verduras e frutas	Pouco mais de um terço (cerca de 40%)
Carboidratos (pão, arroz, batata, massas)	Pouco mais de um terço (cerca de 40%)
Proteínas (carne, peixe, ovos, leguminosass)	Cerca de um oitavo (pouco mais de 10%)
Laticínios, leite e outros produtos lácteos alternativos	Cerca de um oitavo (pouco menos de 10%)
Gorduras não saturadas (como óleos e azeite)	Use em pequenas quantidades
E não se esqueça de beber muita água também – leia mais na página 258	

A ESTRUTURA DAS RECEITAS DESTE LIVRO

- Todas as receitas para refeições principais, que podem ser consumidas no almoço ou no jantar, contêm menos de 600 kcal, 6 g de gordura saturada e 1,5 g de sal por porção. Elas incluem pelo menos 2 porções de legumes, verduras e frutas e isso está sinalizado no quadro nutricional de cada receita para ajudá-lo.
- O café da manhã tem menos de 400 kcal, 4 g de gordura saturada e 1,5 g de sal por porção.
- Essa estrutura permite alguns lanches energéticos durante o dia e reserva algumas calorias para bebidas.
- O capítulo Receitas para Estocar trata de itens para ter à mão prontos para usar, assim, lembre-se da filosofia das refeições balanceadas ao servi-los.

O QUE ISSO SIGNIFICA NA VIDA REAL?

Energia – em forma de calorias – é essencial para a vida. Precisamos dela para nos movimentar, para o funcionamento dos nossos órgãos, crescimento e na manutenção dos tecidos, ossos e órgãos. Cada pessoa é única em suas necessidades, mas pesquisas sobre equilíbrio energético indicam as seguintes orientações:

IDADE	MULHERES CALORIAS POR DIA	HOMENS CALORIAS POR DIA
11 ou mais	2.000	2.500
10	1.936	2.032
9	1.721	1.840
8	1.625	1.745
7	1.530	1.649
6	1.482	1577
5	1.362	1.482
4	1.291	1.386

Lembre-se de selecionar o que ingerir de acordo com gênero, idade, constituição física, estilo de vida e níveis de atividade. Use o bom senso e ajuste as refeições de acordo com as necessidades da sua família. Uma boa notícia é que, numa dieta saudável e balanceada, todas as comidas e bebidas podem ser ingeridas com moderação. Assim, não temos de evitar algo de que realmente gostemos, a menos que haja orientação médica ou nutricional nesse sentido. Ouça o seu organismo e procure o equilíbrio entre apreciar a comida e levar uma vida fisicamente ativa.

CONSUMO E GASTO ENERGÉTICO

Obtemos energia da comida e da bebida pela quebra de gorduras, carboidratos, proteínas e fibras que eles contêm. E as necessidades variam de pessoa para pessoa, dependendo de fatores como idade, constituição física, estilo de vida e níveis de atividade, além de ser determinadas pela genética, gênero, peso e até pelo clima onde vivemos. O equilíbrio entre a comida e a bebida que consumimos e a energia adicional que usamos deve considerar tudo isso, caso contrário, perderemos ou ganharemos peso.

É normal que o nosso peso varie um pouco de semana para semana, de ano para ano, mas no geral devemos tentar manter um peso estável, o que podemos conseguir com uma dieta balanceada. Pelas diretrizes atuais, devemos consumir 20% das calorias diárias no café da manhã, 30% no almoço e 30% no jantar, deixando os 20% restantes para lanches e bebidas. Essa foi a orientação que eu mantive neste livro, assim você pode escolher opções para suas refeições livremente entre os capítulos, usando-as como referência para manter suas necessidades diárias de calorias.

Pesquisas recentes sinalizam que poderia ser benéfico para a nossa saúde jantar mais cedo, criando um intervalo maior entre o jantar e o café da manhã do dia seguinte. Esses estudos são baseados no que ocorre com o nosso metabolismo e o nosso relógio biológico (conhecido como ritmo circadiano) ao longo do dia. As evidências sugerem que, no decorrer do dia, nosso corpo processa a comida de forma diferente. Assim, jantar um pouco mais cedo poderia nos ajudar a ficar mais saudáveis e mais felizes.

Viva bem

DICAS SAUDÁVEIS PARA O DIA A DIA

Enquanto elaborava as receitas deste livro, estava cursando Nutrição e tive o privilégio de conhecer muitos cientistas, professores e especialistas incríveis em suas áreas e posso agora dividir com você as informações úteis que aprendi com eles. Quero compartilhar um pequeno resumo, do tamanho de um nugget, para você digerir. Divirta-se com a leitura.

— Tome o café da manhã —

É muito importante para começar bem o dia. Não só para satisfazer o apetite e evitar que você belisque alimentos ricos em gordura/açúcar, o desjejum também pode impulsioná-lo com uma boa dose de micronutrientes. Para obter ideias superdeliciosas, consulte as páginas 10-41.

ADOTE OS VEGETAIS

Para ter uma vida saudável, legumes, verduras e frutas devem ser o centro da sua dieta. Coma bem colorido, desfrutando de uma variedade tão grande quanto for possível. O objetivo é ter pelo menos cinco porções de 80 g ou mais de legumes, verduras e frutas, todos os dias da semana. Você pode incluir uma porção de frutas desidratadas por dia, ou 80 g de feijão ou leguminosas em suas refeições, por exemplo.

COMA CARBOIDRATOS

Carboidratos são maravilhosos - eles nos deixam contentes, satisfeitos e ativos e fornecem grande parte da energia que precisamos para movimentar o corpo, além do combustível que nossos órgãos necessitam para funcionar. Sempre que puder, escolha variedades de grãos integrais ricos em fibras, que proporcionam uma digestão mais lenta e, por isso, nos mantêm saciados por mais tempo.

PREFIRA ORGÂNICOS

Faça essa troca sempre que possível, pela sua saúde e pelo bem do planeta. Estou certo de que a maioria de nós concorda que ingerir produtos naturais é mais saudável para nosso corpo. Se todos nós começarmos a alterar o que cozinhamos e comemos para, gradualmente, comprar melhor e gastar menos, estaremos mudando nosso sistema de alimentação de forma positiva e numa direção mais sustentável.

Mantenha-se hidratado

A água é essencial para a vida e manter-se hidratado é fundamental. Veja página 258.

Controle as proteínas

As proteínas devem integrar nossa dieta, mas nas quantidades certas. São como os tijolos do corpo, usadas para construir tudo o que é importante, como: crescer, conservar, reparar e para combater doenças. Em geral, a quantidade ideal para mulheres entre 19 e 45 anos é de 45 g por dia, de 55 g para homens na mesma faixa etária, de 28 g para crianças entre 7 e 10 anos e 20 g para as crianças entre 4 e 6 anos.

— Coma mais fibras —

Elas são obtidas principalmente a partir dos vegetais. A maioria de nós necessita aumentar o consumo de fibras – leia o porquê na página 252.

NÃO TEMA AS GORDURAS

O consumo de gorduras deve ser controlado, mas uma dieta saudável requer gorduras boas. Prefira fontes não saturadas como azeite, óleos vegetais, castanhas, sementes, abacate e óleo de peixes ricos em ômega 3. Gorduras saudáveis fornecem energia e nos ajudam a proteger os órgãos internos, a absorver vitaminas lipossolúveis e nos abastecer com ácidos graxos essenciais.

Durma o suficiente

Parece simples, mas dormir o necessário é essencial e uma das maiores contribuições para a boa saúde, proporcionando ao organismo o tempo necessário para crescer, se curar e se recuperar. Dormir menos do que seis horas e mais do que nove durante um longo período pode elevar o risco de desenvolver doenças, por isso vale a pena investir tempo para dormir direito.

INCLUA LATICÍNIOS NAS REFEIÇÕES

Laticínios, leite e alimentos lácteos alternativos (como o leite de amêndoas enriquecido ou leite de aveia) nos oferecem uma incrível variedade de nutrientes. Lembre-se de que devemos privilegiar o leite orgânico, o iogurte e pequenas porções de queijo ao invés de manteiga e creme de leite.

— Movimente-se —

O movimento é extremamente importante, e nos manter ativos deveria ser um hábito natural em todos os aspectos da vida cotidiana. Vamos nos desafiar a ser mais ativos e simplesmente nos mexer um pouco mais!

+ TRÊS DIAS SEM ÁLCOOL +

Faça isso toda semana para dar um descanso ao fígado. Independentemente da qualidade, no que diz respeito ao seu organismo, o álcool não tem nutrientes, é tóxico e tem muitas calorias. Ele também é responsável por alguns dos piores comportamentos no planeta. “Mas eu gosto muito!” Por favor, seja responsável.

A arte de mastigar

SEU ESTÔMAGO NÃO TEM DENTES

Em primeiro lugar, vamos deixar uma coisa clara: seu estômago não tem dentes! Eu sei que é óbvio, mas parece um fenômeno dos dias atuais que as pessoas comam correndo e quase respirem a comida ao invés de mastigá-la e saboreá-la. Por isso, eu quero dar algumas dicas interessantes sobre como mastigar pode ser o princípio para não comer demais, apreciar a comida e garantir que possamos absorvê-la, tirando melhor proveito de todos os nutrientes e benefícios do que comemos. Isto é muito importante – cada refeição nos dá o poder de causar um grande impacto em nossa saúde.

O QUE ACONTECE QUANDO MASTIGAMOS

O processo de digestão começa na boca. Quando mastigamos, a comida é lubrificada pela saliva e triturada pelos dentes, facilitando a deglutição e a digestão. A mastigação também produz enzimas digestivas que quebram o alimento, o que facilita a digestão na jornada do alimento pelo estômago e quando ele passa pelo nosso intestino (veja página 250), nos ajudando a extrair o máximo de nutrientes possível.

Ao mesmo tempo, o ato de mastigar funciona como um sinal para o organismo de que a comida vai começar sua jornada. Se não mastigamos adequadamente, deixamos o organismo mal preparado para o que está para acontecer, e também vamos fazê-lo trabalhar mais para digerir a comida.

A MASTIGAÇÃO IDEAL

É difícil ser preciso, mas com certeza a maioria de nós poderia mastigar melhor. Atualmente, não existe nenhuma evidência definitiva sobre o quanto devemos mastigar cada bocado de comida, mas é consenso que 20 mastigadas por garfada é a média ideal. É importante não se prender demais a isso, uma vez que estudos já demonstraram que prestar atenção exagerada ao número de mastigadas pode causar irritabilidade e cansaço, o que diminui o prazer que sentimos ao comer. Além disso, cada alimento pede um número diferente de mastigadas até tornar-se pastoso, assim é impossível prescrever o número ideal – então, mastigar mais é minha recomendação.

TUDO SOBRE O APETITE

Permita-me tentar explicar a diferença entre apetite e fome. Devemos comer para sobreviver de forma a obter energia para tudo o que fazemos. O corpo reage fisiologicamente às nossas necessidades – como níveis baixos de açúcar –, e ao mandar uma mensagem para o cérebro de que precisamos comer para continuar vivos cria a sensação que chamamos fome. Já o apetite é o nosso desejo por comida – é a sensação de querer comida depois que o processo de comer começou, que nos incentiva a prosseguir com a ingestão de alimentos. Conforme a saciedade – a sensação de estar satisfeito – cresce, o apetite diminui. O apetite é controlado pelo nosso cérebro e reage a alguns sinais, como os enviados pelo intestino para nos ajudar a reconhecer quando estamos saciados. É algo sensorial, e o simples fato de ver ou cheirar a comida pode despertá-lo.

Quanto mais mastigamos, mais expomos o alimento aos receptores sensoriais em nossa boca, levando ao aumento da saciedade. Um bom exemplo é a comparação entre beber um copo de suco de maçã e comer uma maçã. Podemos beber o suco em segundos, mal estimulando nossos receptores sensoriais, enquanto que comer a fruta leva alguns minutos. Baseado no que vimos, faz sentido que o processo de comer a maçã satisfaça melhor nossa fome.

Como se pode deduzir, quando comemos rapidamente nosso corpo não consegue acompanhar o processo e ficamos sempre um passo atrás, já que demora algum tempo para o estômago sinalizar ao cérebro que estamos satisfeitos, tornando provável que comeremos mais do que precisamos. Gastar o tempo necessário para comer e apreciar a comida é bom para a saúde e também para nos ajudar a controlar as quantidades ingeridas, evitando comer demais.

As comidas de que gostamos podem influenciar nosso apetite. É por isso que estamos sempre prontos para comer pudim, mesmo quando satisfeitos. Esse é um fenômeno científico chamado saciedade sensorial específica, que explica porque somos capazes de devorar tudo quando começamos a comer um doce que amamos. Fique atento a isso – adoramos guloseimas, mas elas devem ser apreciadas só de vez em quando.

MAIS TEMPO PARA AS REFEIÇÕES

É muito bom conhecer mais sobre mastigação e seus benefícios, mas eu sei que quando chega a hora de planejar uma refeição, especialmente para a família, há inúmeras coisas a considerar. Eu não quero colocar mais uma na lista, mas já que temos de comer, tornemos a hora das refeições a melhor possível. Sempre fui um grande defensor do costume de sentar-se à mesa para apreciar calmamente uma boa refeição, seja com a família, com os amigos, seja mesmo sozinho, de forma que se possa saborear cada garfada, gastando o tempo necessário com a refeição ao invés de comer apressadamente. Para mim, uma maneira simples de ter um impacto positivo nos hábitos de mastigação é sentar à mesa com outras pessoas. Ter companhia estimula a conversa, consequentemente diminui o quanto se está comendo, aumentando o prazer que se tem na refeição e, por fim, prevenindo que se coma em excesso. Quando comer sozinho, você deve evitar distrações como a TV e permitir-se focar no prato à sua frente, degustando e saboreando cada bocado e estendendo a refeição.

E isso não se aplica somente às refeições que fazemos em casa. Eu sei que às vezes pode ser difícil ter tempo para almoçar quando se está trabalhando, principalmente se a cultura de onde você trabalha não considera normal fazer uma parada para o almoço. Mas sempre que puder, procure sair de sua mesa ou do ambiente de trabalho e consiga um tempo para se sentar em algum lugar e saborear a sua comida. Bastam 20 minutos se isso é tudo que você pode conseguir. Assim, você vai ajudar o seu sistema digestório fazer uma pausa, refletir e relaxar e, quem sabe, manter-se revitalizado pelo resto do dia!

Intestino saudável, corpo feliz

O PRÓXIMO GRANDE TEMA EM SAÚDE

Todo mundo já ouviu a frase "você é o que você come", mas, na verdade, você é o que você absorve dos alimentos, e é aí que a boa saúde do seu intestino entra na jogada. O intestino é basicamente um longo tubo que começa na boca e termina no ânus. É parte importante da saúde e afeta o metabolismo, o funcionamento do sistema imunológico e até mesmo o humor. Sim, o tema tem a ver com nosso sistema digestório e como tudo funciona lá embaixo, mas não devemos ficar constrangidos em falar a respeito. Parece que equilibrar a saúde do intestino vai ser o grande tema da próxima década – há vários estudos sendo desenvolvidos e novas descobertas surgem o tempo todo.

MICROBIOTA INTESTINAL

A microbiota, também conhecida como flora intestinal, é o nome dado ao conjunto de trilhões de micro-organismos ou bactérias que vivem no nosso intestino, que é constituído por milhares de espécies diferentes. Dois terços da microbiota de nosso intestino é completamente única em nós, assim como o DNA.

Antes de nascer, temos o intestino estéril, ou seja, livre dessas bactérias. Durante o parto, adquirimos micróbios intestinais do organismo materno, assim como do ambiente em que nascemos e do ar ao nosso redor. Nossa microbiota também é influenciada pela alimentação que recebemos quando bebês – leite materno de uma mãe que tem uma dieta saudável e balanceada é extremamente benéfico – e vai se modificando até termos 3 anos de idade quando então começa a se estabilizar. Assim, os primeiros anos de vida de uma criança são muito importantes para a saúde futura do seu intestino.

O QUE A MICROBIOTA FAZ

Quando alimentamos nossa microbiota, ela se multiplica, ajudando-nos a ter um sistema digestório saudável. Ao mesmo tempo, ela ajuda:

- a quebrar alimentos que não podemos digerir, especialmente as fibras, transformando-os em energia;
- o sistema imunológico a combater as infecções e a evitar que bactérias nocivas se instalem na corrente sanguínea;
- na produção de algumas vitaminas, como:
    - vitamina B12 – importante para um metabolismo saudável, funções do sistema imunológico e nervoso e formação de glóbulos vermelhos, nos mantendo alertas e acordados;
    - vitamina K3 – essencial para termos ossos fortes (veja página 255) e boa coagulação do sangue;
    - folato – contribuindo para evitar o cansaço.

PROBIÓTICOS × PREBIÓTICOS

Os probióticos podem ser de grande ajuda e são encontrados facilmente, em diversas formas, nos supermercados, mas procurar pelos prebióticos é como estar em busca do Santo Graal. Eu devo dizer que o melhor prebiótico disponível é uma dieta saudável e balanceada. Deixe que eu explique quais são as diferenças entre eles e o que sabemos até o momento.

PROBIÓTICOS

Os probióticos são bactérias vivas comumente conhecidas por favorecer a saúde do intestino, sendo frequentemente chamadas de "bactérias amigas". Atualmente, não há nenhuma associação direta que possa ser feita entre os probióticos e a saúde, mas sabe-se que eles ajudam a restaurar o equilíbrio natural do intestino, por exemplo, após a ingestão de antibióticos.

Há inúmeros tipos de probióticos. Os mais comuns são os lactobacilos e as bifidobactérias, os quais você já deve ter visto em embalagens de alimentos. Esses dois probióticos podem auxiliar em funções diferentes, embora não esteja claro ainda quais são bons para o quê! Alguns benefícios incluem aliviar os sintomas da síndrome do intestino irritável, facilitar a digestão e melhorar nossa resposta imunológica.

Os probióticos estão presentes naturalmente em alguns poucos alimentos, como o iogurte e as comidas fermentadas, como o kimchee e o chucrute (estes devem ser apreciados em pequenas porções em razão do alto teor de sal que contêm). Você também pode obter probióticos na forma de iogurtes líquidos, alguns dos quais contêm bilhões de probióticos por mililitro (fique atento à adição de açúcares) e em forma de comprimidos, cápsulas e pó. O que não está claro é se esses produtos contêm bactérias suficientes para causar impacto, ou mesmo se tais bactérias resistem ao processo digestivo o suficiente para chegar ao intestino grosso (cólon) e exercer suas funções. Pesquisas recentes sugerem que pequenas microcápsulas de probióticos têm mais condições de resistir aos ácidos gástricos e sobreviver durante essa jornada rumo ao cólon. A dica aqui é variar as formas com as quais você aumenta os seus probióticos, elevando a chance de perceber os seus benefícios.

PREBIÓTICOS

Manter uma dieta naturalmente rica em prebióticos traz a sensação de uma boa melhora no trato intestinal por serem ingredientes nutricionais que não são metabolizados durante a passagem pelo estômago. Os prebióticos são encontrados nas fibras de algumas plantas, sendo mais comuns em oligossacarídeos, como a inulina. Ela é encontrada em alimentos como banana, cebola, alho, aspargo, alho-poró, alcachofra, chicória e grãos integrais, principalmente na aveia. Como você pode ver, esses são ingredientes bem comuns e podem ser incluídos com mais frequência para enriquecer sua dieta.

Não podemos digerir essas fibras vegetais, mas nossa microbiota intestinal pode e ela prospera com isso, crescendo e multiplicando-se. Nossa microbiota intestinal também é capaz de fermentar outras fibras transformando-as em ácidos graxos de cadeia curta. Esses ácidos podem influenciar o ambiente interno do intestino, diminuindo o nível do pH e, em contrapartida, manter nosso intestino saudável e aumentar a quantidade de nutrientes que conseguimos retirar da comida.

Por que fibra é legal

COMO AUMENTAR SUA INGESTÃO

O que você vai descobrir nesta página é como aumentar sua ingestão de fibras – eu realmente acredito que essa é uma área das dietas fácil de melhorar. Como adultos, nosso objetivo deveria ser consumir 30 g de fibras por dia, mas, no Reino Unido, por exemplo, fica-se, em média, abaixo de 20 g!

POR QUE PRECISAMOS DE FIBRAS

Fibras são superimportantes para manter nosso sistema digestório feliz. Uma dieta rica em fibras auxilia nossa microbiota intestinal (veja página 250) a prosperar e ajuda a aumentar as fezes (é verdade, eu estou falando de cocô, mas é importante). Essas duas coisas juntas são iguais a um intestino feliz – ou seja, prazer em dobro!

O QUE SÃO AS FIBRAS

As fibras são classificadas como carboidratos e encontradas nos vegetais. Nós consumimos dois tipos de fibras, ambos importantes e com um papel vital:

- **Fibras viscosas ou solúveis** – amplamente encontradas em grãos integrais, trigo integral, pipoca, casca de batata, frutas desidratadas, castanhas, feijão, milho, brócolis e cenoura. Nós não podemos digeri-las, mas a nossa microbiota pode, e sua importância está em ajudar outros alimentos e o que não nos serve a passar pelo intestino mantendo o nosso interior feliz. Aumentar a ingestão de fibras pode aliviar a constipação.
- **Fibras não-viscosas ou insolúveis** – encontradas em alimentos como aveia, cevada, leguminosas, feijão, batata-doce, ervilha, maçã, laranja e abacate. Nós não podemos digeri-las, mas a nossa microbiota intestinal pode – o que a deixa feliz. Elas retardam nossa digestão e ajudam a baixar o colesterol no sangue.

DE QUANTA FIBRA PRECISAMOS

IDADE	QUANT. DIÁRIA
Adultos e jovens acima de 16 anos	30 g
Adolescentes de 11 a 16 anos	25 g
Crianças de 5 a 11 anos	20 g

Eu incluí a contagem de fibras no quadro de nutrição das receitas, assim você pode começar a reparar em quanto obtém delas em cada refeição. Por exemplo: um só prato de Sopa navaja (veja página 220) lhe oferece 25,5 g – quase a quantidade diária total necessária!

Então, a chave para aumentar a ingestão das fibras é agarrar-se a um prato cheio de ingredientes ricos delas, como: legumes, verduras, frutas e grãos integrais.

OS BENEFÍCIOS PARA A SAÚDE

Se não receber o suficiente em fibras, nosso sistema digestório tende a ficar mais lento, causando inchaços e apatia, o que afeta nossa disposição para executar as atividades diárias. As fibras também ajudam a nos sentirmos satisfeitos por mais tempo, evitando que comamos em excesso, e atuando no controle do peso.

Comer alimentos ricos em fibras já se mostrou eficiente para baixar o risco de doenças cardíacas - mantendo o colesterol controlado -, diabetes tipo 2 e alguns tipos de câncer. Há também fortes evidências de que comer aveia ou cevada com betaglucanas diminui o colesterol. Todo mundo sai ganhando, certo?

ALIMENTOS QUE CONTÊM FIBRAS

Seguindo a nossa filosofia, os carboidratos devem representar cerca de 40% das refeições. A simples troca de carboidratos refinados por grãos integrais pode aumentar significantemente a ingestão de fibras. Por exemplo: ao trocar uma fatia de pão branco por uma de pão integral, quadruplicamos a quantidade de fibras (de 0,5-1 g para 3-4 g). Outra troca fácil pode ser substituir o macarrão comum pelo integral, além de escolher ingredientes com alto teor de fibras, como aveia, quinoa, feijões, leguminosas, chia e semente de linhaça. Quando estiver fazendo compras, procure pela palavra "integral" nos rótulos ou na lista de componentes. Não confunda com "multigrãos" - isso significa que há diferentes grãos no produto, mas não garante que sejam integrais. E também coma muitos legumes, verduras e frutas, que devem ser outros 40% do seu prato.

Vitórias fáceis

Café da manhã - escolha aveia ou cereal integral. Inclua frutas, frescas ou desidratadas, castanhas e sementes para obter açúcar natural e crocância.

Almoço - opte por pães e massas de grãos integrais e trigo integral. Incremente saladas e sopas com feijões, lentilha, além de mais verduras e frutas.

Jantar - tenha sempre uma travessa de salada na mesa antes do jantar, para os famintos beliscarem, e assim estimular as crianças a criar bons hábitos (veja páginas 264-267). Adicione um pouco mais de legumes e verduras aos acompanhamentos ou incremente as receitas com eles. Se usar batatas, deixe-as com casca, para ganhar mais fibras e benefícios nutricionais.

Lanches - opte por frutas, seja ao natural ou em um picolé caseiro feito de frutas (veja página 240). Um punhado de frutas desidratadas, castanhas e sementes (até 30 g), uma porção de pipoca ou alguns legumes e verduras crus também são opções ricas em fibras.

Se você ficou inspirado para aumentar sua ingestão de fibras, mude gradualmente sua rotina alimentar. Se fizer isso abruptamente e em grande quantidade, poderá sofrer cólicas abdominais, inchaço e gases (o que eu tenho certeza que queremos evitar!). Aumentar as fibras aos poucos reduz potenciais efeitos colaterais. Tenha certeza de beber água suficiente (veja página 258), já que as fibras absorvem muita água, o que ajuda a amaciar o cocô e facilitar o trânsito intestinal.

Ossos fortes

ESSENCIAIS PARA UMA VIDA LONGA E ATIVA

Os ossos são o suporte do nosso corpo, e quero que você se empenhe para ter ossos fortes e densos. Ao olhar para o corte transversal de um osso, ele lembra um recife de corais e, assim como eles, os ossos são organismos vivos que se quebram e se reconstroem. Por isso, é importante entender como eles funcionam e como podemos mantê-los fortes e compactos. A melhor maneira de se conseguir isso é por meio de uma dieta balanceada, rica em nutrientes, especialmente cálcio, proteína e vitaminas D e K, além de manter-se fisicamente ativo. Nunca é tarde para melhorar a saúde dos ossos.

NOSSOS OSSOS SÃO COMO UM BANCO

Até por volta dos 35 anos de idade, nossos ossos estão, rapidamente, se formando e sendo danificados, e esse momento é conhecido como o nosso pico de massa óssea. Quando chegamos aos quarenta, eles passam a se danificar mais rapidamente do que são criados. Por isso, é importante que, desde crianças, tenhamos uma dieta variada e balanceada de forma a construir e manter ossos fortes. Se puder comer bem e se exercitar regularmente, você será recompensado ao longo da vida, especialmente na velhice, quando isso é realmente importante. Osteoporose, ossos trincados, fraturados, frágeis ou quebradiços podem ser um catalisador que leva pessoas idosas para um redemoinho de doenças, por isso espero que as informações desta página sejam uma inspiração para você cuidar desde já da saúde de seus ossos. Quero ver todo mundo dançando aos noventa anos de idade, assim como alguns personagens incríveis que eu conheci ao redor do mundo, em lugares onde as pessoas vivem mais.

AUMENTE A INGESTÃO DE CÁLCIO

O cálcio integra a estrutura dos ossos - 99% das nossas reservas de cálcio são encontradas nos ossos e nos dentes! Para que elas se mantenham, devemos ingerir alimentos ricos em cálcio (leite, queijo, iogurte, sardinha, tofu, brócolis e ingredientes enriquecidos com cálcio, como o leite de amêndoas). Se não consumirmos cálcio suficiente, nosso organismo vai começar a utilizar as reservas de nossos ossos, o que nós devemos definitivamente evitar. Precisamos do cálcio para realizar funções vitais, como o controle do ritmo cardíaco, a neutralização do pH do sangue, a coagulação e a transmissão dos impulsos nervosos.

A IMPORTÂNCIA DA VITAMINA D

A vitamina D nos ajuda a absorver o cálcio e a manter a estrutura óssea saudável. Na função muscular, ela nos ajuda a preservar o equilíbrio, diminuindo o risco de queda e, consequentemente, de ossos quebrados, o que é muito importante para pessoas idosas.

Nós conseguimos a maior parte da vitamina D necessária por meio da luz solar, expondo a pele aos raios ultravioleta B (raios UVB). Expor ao sol 10%-20% do corpo (braços, mãos e pernas, evite o pescoço e o rosto por serem mais sensíveis) por 10-15 minutos diários, sem protetor solar mas sem deixar a pele queimar, pode produzir reservas suficientes. A luz solar certa para conseguir a vitamina D e que não causa queimaduras ocorre antes das 10 horas da manhã e depois das 16 horas da tarde. Durante os meses de inverno, com o ângulo reduzido do sol, fica mais difícil obter a vitamina D a partir da luz solar, assim é necessário aumentar a quantidade na alimentação. Ela é encontrada apenas em peixes oleosos (como salmão, truta, cavalinha, sardinha), fígado, ovos, cogumelos selvagens e em produtos especialmente enriquecidos com vitamina D, como leite e iogurte. Suplementos também podem ajudar, converse com o seu médico.

O PAPEL DA VITAMINA K

A vitamina K, encontrada principalmente nas verduras escuras, como brócolis, repolho, couve e espinafre, é essencial para a estrutura saudável dos ossos. Estudos demonstram maior risco de fraturas em idosos com baixo nível de vitamina K, portanto, seja proativo e aumente o seu consumo. Um adulto, em média, deve consumir 75 μg por dia de vitamina K – comer 7 g de couve proporciona a quantidade diária necessária em apenas algumas garfadas!

VEGETAIS, FRUTAS E PROTEÍNA

Um problema comum para a saúde dos ossos, é que, como muitos de nós não consomem pelo menos 5 porções de legumes, verduras e frutas por dia, não obtêm potássio suficiente, o que interfere no equilíbrio dos níveis de acidez do sangue. Se também não ingerirmos a quantidade suficiente de cálcio na alimentação, nossos ossos terão de liberar cálcio na corrente sanguínea para neutralizar esses níveis. Obter bastante potássio de legumes, verduras e frutas manterá, acima de tudo, o nível ácido do sangue sob controle, o que vai proteger nossas reservas de cálcio. Isto ajuda a manter o pico da massa óssea e reduz a perda relacionada à idade e, em longo prazo, protege o esqueleto. Muito sal também pode interferir no equilíbrio do pH do sangue. Consuma-o com moderação. As proteínas representam cerca de 50% do volume dos ossos, e a nossa matriz de proteína está sendo constantemente remodelada. Assim, é importante comer proteína regularmente, além de legumes, verduras e frutas, que ajudam a equilibrar a acidez do sangue.

OSSOS E ATIVIDADE FÍSICA

O exercício físico regular está fortemente associado à construção e à manutenção de massa óssea e força muscular. Por isso, mudanças hormonais que ocorrem no organismo de quem se mantém fisicamente ativo, fazem com que seus ossos fiquem mais compactos e mais fortes. O movimento regular e a atividade física são realmente muito positivos. Há dois tipos de exercícios que devemos fazer para obter o máximo benefício: exercícios de resistência, que incluem corrida, caminhada, dança, tênis, ioga, pilates e subir escadas, que ajudam a construir e manter ossos fortes; e exercícios de fortalecimento muscular, como os que utilizam aparelhos com carga, elásticos ou levantamento de peso, que nos ajudam com o equilíbrio e a coordenação motora, a qual evita quedas, reduzindo o risco de trincar ou fraturar os ossos.

Água maravilhosa

A IMPORTÂNCIA DA BOA HIDRATAÇÃO

Qual é a mensagem que devemos extrair desta página? Simples – beba mais água! Por exemplo, no Reino Unido, 60% das pessoas bebem apenas 1 copo de água ou menos por dia. Nós precisamos de mais! Então, faça isso agora, levante-se, sirva-se de um copo de água e beba. Penso que, culturalmente, ainda há um longo caminho a percorrer para que a regra geral seja a de dispor de água potável onde quer que seja, pois tê-la à mão realmente encoraja o consumo. Cuidar disso em casa, na escola e no local de trabalho é ter metade da batalha ganha. Se não for seu caso, lute por isso! A água é essencial para a vida, e se você estiver tentando ser um pouco mais esperto, a hidratação adequada pode ser a sua melhor amiga.

Celebrando a água de torneira

Aqui no Reino Unido, temos muita sorte por dispor de água de qualidade fluindo livremente pela torneira. Verifique se a água da torneira da sua região também é própria para consumo. Em caso de dúvida, você sempre pode fervê--la e bebê--la depois de esfriar. Lembre-se de armazená-la num recipiente limpo. Água mineral é uma questão de conveniência e de gosto. Algumas marcas podem conter mais minerais do que a água de torneira, mas esses valores são desprezíveis, e podemos obter esses minerais na nossa alimentação. Não há justificativa nutricional para o consumo de água mineral. Os filtros de água à venda no mercado podem ajudar a purificá-la um pouco mais ou remover o cloro, mas basta você colocar água em uma jarra e esperar 30 minutos, que o cheiro e, por consequência, o gosto de cloro vão desaparecer.

O PAPEL DA ÁGUA NO ORGANISMO

Na média, 50%-60% de nosso corpo é constituído de de água. Um terço dessa água está no sangue e entre as células (fluido extracelular), enquanto os outros dois terços estão no interior das células (fluido intracelular).

Mas, onde quer que seja encontrada, a água é um componente-chave de várias funções e fluidos corporais:

- Transporte de nutrientes – carrega vitaminas, minerais e glicose entre as células.
- Eliminação de toxinas e resíduos – os excreta pelos movimentos regulares do intestino e pela produção de urina pelos rins.
- Líquido sinovial – proporciona amortecimento entre as articulações.
- Saliva – auxilia no ato de engolir os alimentos.
- Suor – ajuda a regular a temperatura corporal.
- Respiração – perde-se água por meio do vapor durante o processo natural de respiração.

ENTRADA E SAÍDA DE ÁGUA

O equilíbrio entre os fluidos que ingerimos e os que perdemos é mantido por meio das funções do corpo. A maior parte sai pela urina, com a ajuda de nossos rins, que são vitais nesse processo. Quando não há água suficiente, os rins avisam o cérebro que estamos desidratados e sentimos sede. Há uma defasagem nessa mensagem, assim, quando a sede chega, é porque já estamos desidratados há pelo menos uma hora.

DE QUANTA ÁGUA PRECISAMOS

A quantidade de água de que precisamos é afetada por tudo: idade, constituição, estilo de vida, níveis de atividade e até pela umidade do ar. Bebidas devem corresponder a 70%-80% da nossa fonte de água, e apenas 20%-30% vir dos alimentos com alto teor de água, como legumes, verduras e frutas. A Autoridade Europeia de Segurança Alimentar define:

IDADE/GÊNERO	QUANTIDADE DE FLUIDO	NÍVEL MÁXIMO OBTIDO PELOS ALIMENTOS
Mulheres com 14 anos ou mais	1,5 litro por dia	500 ml
Homens com 14 anos ou mais	2 litros por dia	500 ml
Meninas entre 9 e 13 anos	1,3 a 1,5 litro por dia	400 a 600 ml
Meninos entre 9 e 13 anos	1,5 a 1,7 litro por dia	400 a 600 ml
Crianças entre 4 e 8 anos	1,1 a 1,3 litro por dia	300 a 500 ml

O gasto de energia é maior para mulheres grávidas ou que estejam amamentando, então, nesses períodos, é preciso aumentar a ingestão de fluidos também.

COMO MANTER-SE HIDRATADO

A boa H_2O sempre será a melhor escolha e deve representar a maior quantidade do fluido ingerido. Leite e bebidas sem adição de açúcar, como chás, café (com moderação) e suco de frutas contribuem também, assim como alimentos compostos de grande quantidade de água. Tome no máximo 150 ml de suco de fruta sem adição de açúcar por dia - isso entrará na cota de cinco por dia e não implicará em exagero no consumo de fontes de açúcar.

Beba fluidos em intervalos regulares ao longo do dia para atender às demandas do seu organismo. A água é a melhor aliada durante as refeições, porque é neutra e não vai concorrer com os sabores da comida.

É superimportante manter-se hidratado durante exercícios e atividades esportivas. A quantidade de fluido de que precisamos depende da umidade e temperatura ambiente, de quanto estamos suando e da intensidade e duração da atividade. Durante uma atividade moderada, tome alguns goles em intervalos regulares. Numa atividade de maior intensidade e com mais de uma hora de duração, uma combinação de 50/50 de suco de frutas e água ajuda a manter os níveis de energia.

EVITANDO A DESIDRATAÇÃO

Ficar desidratado, mesmo levemente, pode resultar em cansaço, dor de cabeça e numa atuação, física e mental, abaixo da média. A desidratação mais intensa pode levar a constipação e pedras nos rins. A urina é o melhor indicador de desidratação - adequadamente hidratados, produzimos urina amarelo-clara ou cor de palha. Quanto mais desidratados ficamos, mais escura fica a urina. Assim, a melhor coisa a fazer é ficar de olho nela.

Açúcar – acabando com os mitos

É BOM SABER!

Atualmente, o açúcar é um grande assunto. Examinar os efeitos que a alta ingestão de açúcar pode ter na nossa saúde escancara números assustadores, mas com algum conhecimento podemos tomar atitudes simples para reduzir esse consumo. Por exemplo, o governo britânico entrou na onda e anunciou impostos sobre as bebidas adoçadas a partir de 2018, forçando a indústria a reformulá-las.

TODOS OS AÇÚCARES SÃO IGUAIS?

Resumidamente, não. Açúcares naturais são bons e, em geral, não precisamos nos preocupar com eles, mas açúcares livres são um problema. Qual é a diferença?

- **Açúcares naturais** – contidos em legumes, verduras, frutas e laticínios. Como esses alimentos contêm outros nutrientes, seus benefícios à saúde prevalecem sobre o impacto negativo do açúcar contido.
- **Açúcares livres** – são os açúcares adicionados por nós ou pelos fabricantes a alimentos e bebidas, bem como os encontrados naturalmente no mel, xaropes, sucos de frutas naturais e concentrados.

Os açúcares livres são encontrados em alimentos processados e industrializados (comidas prontas, biscoitos e condimentos) e é o que precisamos cortar da nossa dieta. Eles podem ser utilizados em pequenas quantidades para conferir doçura ao cozinhar e preparar bebidas, mas o controle das quantidades é crucial e elas contam na sua ingestão diária de açúcar (veja página à direita). As opções a seguir podem ser mais proveitosas do que o açúcar comum já que também oferecem alguns benefícios nutricionais:

- **Suco de frutas sem adição de açúcar** – obtemos vitamina C na maioria dos sucos, o que beneficia nosso sistema imunológico, bem como potássio, de que os músculos precisam para funcionar bem. Limite o consumo a 150 ml por dia (que conta como uma das cinco porções recomendadas por dia).
- **Melado** – não tão doce quanto outros açúcares, o melado é uma fonte de ferro que ajuda a evitar o cansaço e mantém nosso sistema imunológico saudável. Também é fonte de potássio, cálcio, magnésio e cobre.
- **Xarope de maple** – é feito com a seiva do bordo. Rico em manganês, que protege as células, mantém os ossos fortes e os níveis de energia altos. Também é fonte de riboflavina, boa para os olhos, a pele e os glóbulos vermelhos.
- **Mel** – produzido pelas abelhas a partir do pólen e do néctar das flores, menos calórico que o açúcar comum, é mais doce, de modo que precisamos usar menos. Também é fonte de manganês. Acredita-se que o mel de manuka apresente qualidades antissépticas e ajude a curar feridas.

QUANTO AÇÚCAR EU POSSO INGERIR?

Atualmente, a ingestão recomendada para um adulto é de no máximo 90 g de "açúcares totais" por dia, considerando açúcares adicionados e os encontrados naturalmente. As orientações são bem específicas:

IDADE	MÁXIMO DE AÇÚCARES ADICIONADOS POR DIA
Adultos e crianças com mais de 11 anos	30 g ou aproximadamente 7 colheres (chá)
Crianças entre 7 e 10 anos	24 g ou aproximadamente 6 colheres (chá)
Crianças entre 4 e 6 anos	19 g ou aproximadamente 5 colheres (chá)

O QUE É AÇÚCAR NA MINHA COMIDA?

- Açúcares livres nem sempre são identificados como açúcar, por isso podem ser difíceis de descobrir. Fique atento para os seguintes ingredientes que aparecem frequentemente nos rótulos e são açúcares: agave, adoçante de milho, dextrose, mel, xarope de milho, sacarose, frutose, glicose e melado.
- Os rótulos dos alimentos apresentam os ingredientes listados em ordem decrescente, ou seja, quanto mais os açúcares estão nas primeiras posições da lista, maior quantidade o produto contém.
- Para maior clareza, use o quadro de informação nutricional no verso da embalagem. Açúcares listados como "açúcares" é a indicação do total por porção e/ou por 100 g, mas esse número não diferencia açúcares livres de naturais, assim, verifique também a lista de ingredientes para ter uma ideia de que tipo de açúcares o produto efetivamente contém.

COMO REDUZIR O CONSUMO DE AÇÚCAR

- Prefira água no lugar de refrigerantes adoçados (veja página 258).
- É simples! Não tenha bebidas adoçadas em casa, assim não tem como beber!
- Prepare o seu café da manhã ao invés de escolher um cereal carregado de açúcar – veja páginas 10-41.
- É fácil confundir fome com sede, assim, procure tomar um copo de água ou uma xícara de chá, café ou leite antes de comer um lanche rico em açúcar ou gordura.
- Deixe uma sobremesa rica em açúcar para o fim de semana e ocasiões especiais.
- Faça as crianças comerem lanches saborosos baseados em legumes e verduras de forma que as suas papilas gustativas não sejam treinadas apenas para apreciar alimentos doces. A minha esposa conseguiu fazer nossas crianças pensarem que ervilhas congeladas são uma guloseima!

O mais importante para se lembrar é que comer de maneira saudável está relacionado a equilíbrio. Comidas que dão prazer, como as que são ricas em gorduras ou açúcares, podem ser apreciadas esporadicamente, mas não todos os dias. A maior parte de nossa dieta deve ser baseada em alimentos nutritivos e balanceados.

Cozinhando com as crianças

COMO ENVOLVÊ-LAS

Eu sinceramente acredito que cozinhar está no topo das habilidades mais importantes que você pode ensinar para uma criança, assim com ler e escrever. É superimportante fazer seus filhos se interessarem pelos alimentos – de onde vêm, como são preparados – tão cedo quanto possível. Uma criança que entende de cozinha vai ser muito mais saudável e feliz em longo prazo. Aqui estão algumas boas dicas:

Começar desde pequeno

Investir tempo enquanto eles são pequenos e impressionáveis é fundamental. Exponha-os à maior variedade de alimentos nutritivos que puder – quanto mais experiência sobre alimentos tiverem, mais confiantes serão, o que significa que ficarão curiosos para provar novos sabores.

+ RESERVE TEMPO +

Somos todos escravos de um estilo de vida muito atribulado, então separe algum tempo livre para cozinhar junto com as crianças – deixe as tarefas simples para os dias de semana e capriche nos fins de semana cozinhando algo mais elaborado. Cozinhar quantidades maiores é uma grande opção, uma vez que as crianças vão amar saber que contribuíram com as refeições dos outros dias da semana. Fazê-las ajudar a preparar smoothies (veja página 20), ou o mingau para o café da manhã delas (veja página 12) também é uma maneira rápida e eficiente de envolvê-las.

COMECE AOS POUCOS E PROGRIDA

É sempre bom começar com tarefas simples, como picar ervas, secar as verduras e permitir às crianças decisões que possam capacitá-las. Então, você pode progredir para os passos de uma receita e, com o tempo, para técnicas mais complicadas. Quanto mais elas cozinharem, mais vão saber – minhas meninas mais velhas ficam felizes por já terem autorização para fazer receitas completas, enquanto as duas menores se animam por ajudar com pequenas tarefas. É importante manter acesa a vontade de participar.

Atitude "mão na massa"

Faça os seus filhos experimentarem, tocarem e sentirem o cheiro dos ingredientes que você está usando. Quanto mais conhecimento você compartilhar, melhor. Diga que não há problema se não gostarem, mas que é bom experimentar tudo. Lidere pelo exemplo. Se estiver preparando algo é provável que eles queiram participar.

DIVIRTA-SE E ACEITE A BAGUNÇA

Criança é criança. Mas comece com uma cozinha organizada, arranje aventais para as crianças e banquinhos para elas subirem. E ensine algumas regras da casa, assim como a de deixar tudo arrumado no final – incuta esses pequenos hábitos logo de início ou você poderá se arrepender!

Mantenha a simplicidade

Às vezes, as receitas mais simples são as melhores. É recomendável começar com algo rápido e fácil e, assim, manter a atenção das crianças do que escolher algo complicado que as aborreça na metade do caminho. Comece pelos pratos prediletos delas, avance para coisas que desafiem suas papilas gustativas e tire-as, gentilmente, da sua zona de conforto.

USE EQUIPAMENTOS DE VERDADE

Eu realmente acredito que as crianças devem usar equipamentos de verdade. Por exemplo, para aprender a usar uma faca – e até para andar em segurança com uma – deve-se usar uma faca de verdade. Assim, elas se sentirão capacitadas e confiantes quando perceberem que podem usar equipamentos de adultos – sob rigorosa supervisão, obviamente!

Plante uma horta

Você não precisa de um grande espaço para fazer uma horta – algumas ervas ou tomates crescendo no beiral de uma janela bastam para despertar o interesse e formar hábitos alimentares positivos e duradouros.

Passeio na feira

Se você puder levar suas crianças para visitar uma feira livre com regularidade durante toda sua infância, eu tenho certeza de que, por conta da paixão das pessoas que trabalham lá, o conhecimento incrível que elas têm e o respeito pelo produto, as crianças vão desenvolver interesse pelos alimentos. Você nem precisa gastar dinheiro – apenas deixe que olhem, perguntem, toquem e absorvam tudo por lá. Vai ser uma das experiências mais poderosas de educação alimentar que você poderá lhes proporcionar. E também vai ser bem divertido.

CAIA NO MUNDO AO AR LIVRE

Festejar o alimento ao ar livre traz um sentimento lúdico e de interesse que ajuda as crianças a relaxar. Seja colhendo frutas ou arrancando cenouras da terra, a diversão não precisa ser elaborada – leve uma tábua de cortar e poucos utensílios e prepare uma salada deliciosa a partir de poucos ingredientes.

Outras formas de atenção

Atraia a atenção das crianças para o ritual que envolve uma refeição em família. Peça que ajudem a arrumar a mesa e, se for uma ocasião especial, que façam etiquetas com nomes ou enfeites. Peça para incrementarem as jarras de água com gotas de frutas cítricas, frutinhas ou, ainda, ervas aromáticas, e encha os copos de todos antes de a refeição começar.

Crianças difíceis
DICAS E TRUQUES QUE AJUDAM

Em primeiro lugar, quero dizer que as táticas desta página funcionam com exigentes comilões adultos tão bem quanto com crianças. As pessoas têm dificuldade de fazer as crianças comerem, mas isso pode ser fácil. Elas são diferentes entre si, e eu juro que nossas refeições estão muito longe da perfeição – quando conseguimos chegar ao fim do jantar sem que nenhuma delas esteja chorando, é uma vitória! Os gostos delas, personalidades e estado de espírito estão sempre mudando e eu sempre me sinto a 30 segundos da anarquia. Mas se você se segurar e usar estas estratégias – que eu uso em casa – vai vencer a parada. A Jools e eu conseguimos que nossas filhas sejam um grupo bem afinado que procura experimentar a maioria das coisas. No fim das contas, o resto é por conta delas.

Não desista

É normal que as crianças atravessem fases em que gostam ou não de certas coisas – embora seja frustrante, é parte do processo de crescimento. Se algo não agrada muito, paciência e perseverança são fundamentais. Tente três, vinte, trinta vezes até conseguir. E não faça disso um drama. Retirar a comida sem comentário é o melhor a fazer. Tente outra vez em outro dia. Eventualmente, elas vão ceder. E se não cederem, talvez nunca gostem daquele alimento mesmo – faz parte!

– SEJA UM MODELO –

Seus filhos vão copiá-lo e aprender com você, então, inclua uma boa variedade de alimentos nas refeições – quando eles virem você comendo algo, vão querer experimentar. E se eles estiverem preparados para experimentar algo novo, uma garfada roubada de forma descarada do seu prato será um bom sinal.

Reforce bons hábitos

Procure começar com estratégias que despertem o interesse, reforcem e encorajem hábitos alimentares positivos. É importante fazer as crianças quererem comer coisas saudáveis por si mesmas, incluir e se animar com novos sabores, texturas e ingredientes, despertar a atenção delas, inspirá-las a sair da zona de conforto e experimentar coisas novas.

– Crie uma rotina –

Nós procuramos fazer três refeições por dia, com um lanche no meio da manhã e outro no meio da tarde – assim, as crianças sabem o que esperar, relaxam e têm tempo de ficar com fome. Isso também lhes dá a chance de aguardar ansiosamente pelas refeições.

O poder das plantas

Uma das atitudes mais importantes que você pode incutir nas crianças é achar absolutamente normal devorar legumes, verduras e frutas. Se precisar usar facas onduladas para cortar legumes, fazer laços usando o descascador de legumes, ou colocar um nome engraçado em algum alimento para que elas experimentem, vá em frente! Outra atitude inteligente pode ser convencê-las de que algo é uma guloseima, fazendo com que comam fora das refeições. Eu descobri isso quando, logo após o banho, elas não queriam ir dormir e aceitavam com muito bom humor experimentar um pedaço de aspargo cru ou vagem, desde que isso significasse distrair o papai e não ir pra cama... Eu sempre tenho uma travessa de salada na mesa do jantar 10 minutos antes de servir – se a fome apertar, vão devorá-la enquanto esperam.

DISFARÇANDO OS LEGUMES

Não gosto da ideia de disfarçar legumes e verduras, mas isso funciona muito bem. Um bom começo é assar e amassar levemente, ou misturar nas comidas preferidas das crianças. Com o tempo, você pode deixar pedaços maiores, até que elas parem de prestar atenção neles.

COM OU SEM DISTRAÇÃO?

Aqui, estou realmente rendido. Eu detesto brinquedos, TV e telefones na mesa. Acho que um bom papo é tudo o que você precisa. Mas, se as crianças estão lutando para comer coisas boas, deixá-las ver o seu desenho favorito as distrai o suficiente para que se alimentem. Dependendo da idade, combinar táticas pode ser útil. Conforme vão ficando mais velhas, comer, compartilhar e conversar é o melhor caminho – e faz bem para a alma também!

Concentre-se no geral

Não se recrimine se um dia as coisas não saírem tal qual você planejou – pense na semana toda e veja como elas se saíram bem. Não se estresse se houver uma briga ou outra – todos nós já brigamos!

5 COISAS PARA TER EM MENTE . . .

- A hora das refeições é sempre um caos – aceite isso!
- Seu filho não é um adulto, não lhe dê muita folga.
- Se a criança cultivar e cozinhar algo, vai comê-lo.
- Atenção ao que comem e não ao que não comem.
- Se todos comerem, elas se animarão a experimentar.

Não se preocupe, seja feliz

O simples fato de se preocupar com o que seus filhos estão comendo já o coloca na primeira divisão da paternidade. Minhas filhas podem ser comedoras exigentes e eu sou um chef! Divirta-se com a comida e tente pensar em longo prazo. Incentive-os por um bom tempo e, ao final, eles chegarão lá por si!

Dentro do orçamento

MINHAS MELHORES DICAS PARA COMPRAR BEM

Compras

- Circule – o melhor lugar para comprar seus legumes, verduras e frutas pode não ser tão bom para comprar carne, peixe ou laticínios. Ir a vários lugares leva mais tempo, mas vale a pena.
- Fazer compras on-line pode ser uma boa maneira de controlar os gastos – é fácil ficar de olho no total e fazer ajustes se tiver passado da conta.
- Estoque alimentos básicos que duram mais como arroz, massas, alimentos desidratados e enlatados. Você pode comprar em grandes quantidades, se tiver espaço para armazenar. Se não for seu caso, tente comprar em grande quantidade com amigos ou familiares e depois dividir entre vocês.
- Mercados municipais e muitos supermercados vendem temperos em embalagens grandes – assim eles custam muito menos e você obtém muito mais pelo que paga. Divida-os em frascos hermeticamente fechados, etiquete e armazene corretamente – eles durarão uma eternidade!
- Resista à tentação de comprar produtos que quer restringir na sua dieta em promoções do tipo "compre um e leve dois" – a oferta só é boa se você estiver precisando mesmo!

Planejamento do cardápio

Planejar o cardápio é muito bom e facilita as coisas, mas não se prenda demais. Sua melhor opção é um planejamento flexível – faça compras programadas para metade da semana e monte refeições adaptáveis para os outros dias. Assim vai evitar desperdícios e não será apanhado de surpresa caso tenha de mudar seus planos no último minuto.

AME O SEU FREEZER

- Dobre os ingredientes quando preparar receitas como Bolonhesa (veja páginas 170-226) e Torta de peixe (veja página 82), e congele as sobras. Elas serão úteis em grandes almoços, refeições de última hora ou quando aparece alguém inesperado. Etiquete tudo para evitar confundir-se na hora de usar.
- A primeira gaveta do meu freezer está cheia de itens que dão mais sabor. Pimentas e gengibre prontos para ralar ou previamente cortados, curry, louro e folhas de limão kaffir, pesto caseiro (veja página 232), pastas de curry (veja página 236) e sacos ou recipientes com sobras de caldos (veja página 230). Todos congelam muito bem e podem ser usados direto do freezer.
- Camarão congelado é mais barato, mais prático e excelente para refeições rápidas, como o meu Curry de camarão à moda do Sri Lanka (veja página 50).

- CARNE -

- Prefira comprar no açougue para não se prender ao tamanho das embalagens prontas, e o açougueiro pode ajudá-lo a escolher. E compre o melhor que puder pagar.
- Coma carne menos vezes ou diminua as quantidades e incremente suas refeições com legumes ou verduras da estação – assim vai economizar e será bom para o planeta também.
- Comprar um pedaço maior de carne e dividir entre várias refeições é uma maneira de economizar. Sempre compro o frango inteiro e separo as partes, ou preparo-o inteiro e uso a carne e o caldo nos dias seguintes (veja página 230).

- PEIXE -

- Pergunte ao peixeiro sobre o que está na temporada, o que é sustentável e, normalmente, mais barato.
- Procure cortes de peixe em oferta e faça os seus palitos de peixe (veja página 228) para congelar.

- LEGUMES E FRUTAS -

- Aprenda um pouco sobre a sazonalidade, porque os produtos da época têm sabor melhor, são mais nutritivos e mais acessíveis.
- Faça um estoque de legumes da estação congelados – eles têm um grande valor, ficam disponíveis o ano todo e são nutritivos porque foram congelados no melhor momento – você pode simplesmente apanhar um punhado do que precisa quando quiser!
- Frutas congeladas são sempre úteis para smoothies (veja página 20) e picolés (veja página 240).

FAÇA VOCÊ MESMO

Preparando seu próprio macarrão (veja página 200), massa de pizza (veja página 94), pães chatos (veja página 220) e tacos (veja página 86) você vai economizar muito dinheiro e a vantagem é que saberá exatamente o que usou para fazer tudo.

CULTIVE VOCÊ MESMO

Nem todo mundo tem um quintal, mas você não precisa ter um para cultivar seu alimento. Plantas como ervas, pimentas e muitas verduras crescem bem dentro de casa ou em jardineiras.

Estoque

Uma despensa bem abastecida pode salvar sua vida quando precisar colocar algo na mesa rapidamente – tenha um estoque de todas as coisas maravilhosas que adicionam sabor, como óleos, picles, vinagres, cubos de caldos, castanhas, sementes, massa seca, noodles, arroz, grãos e leguminosas, alimentos enlatados e em conserva, bem como itens básicos para fazer pães e bolos. Lembre-se de que os condimentos podem ser ricos em sal, por isso, use-os com cuidado.

Coloque muitas ervas e temperos em sua vida – é uma maneira deliciosa e saudável de acrescentar sabor e diminuir a ingestão de sal. Para manter as ervas frescas, faça maços, elimine os talos, embrulhe-as em papel-toalha úmido e coloque na geladeira.

Falando de ingredientes

NORMAS, BEM-ESTAR E ORIENTAÇÕES

NORMAS DA CARNE

Para mim, só devemos comer carne de animais que tenham sido bem-criados e que tenham tido ótima saúde, alimentados com grama – onde isso for possível –, criados em liberdade e que não tenham vivido num ambiente estressante. Para mim, faz todo sentido que o que colocamos em nosso corpo tenha tido uma vida boa para, em contrapartida, nos oferecer excelência. Estou falando sobre qualidade acima da quantidade. Assim, sempre que puder, prefira carne orgânica, de animais criados em liberdade e peixes com certificado de origem.

Em relação aos ovos, também prefira os orgânicos ou de animais criados em liberdade, e faça o mesmo para qualquer alimento que contenha ovos, como noodles e massas. E, por favor, prefira os caldos orgânicos.

LATICÍNIOS

No que se refere a produtos lácteos, como leite, iogurte e manteiga, eu apoio firmemente o comércio de orgânicos. Eles são um pouco mais caros, mas quando você opta por orgânicos, apoia um sistema alimentício melhor.

ÁLCOOL

Algumas receitas deste livro levam álcool para ter mais sabor. Embora a maior parte evapore durante a preparação, alguns traços podem sobrar, não em quantidade que possa ser prejudicial.

CONGELAMENTO

Divida a comida que vai congelar em porções para que esfrie mais rápido e possa ir ao freezer dentro de duas horas, após cozinhar. Verifique se está tudo bem embalado, especialmente carnes e peixes, e bem etiquetado. Descongele no refrigerador antes de usar.

SAL

Precisamos de uma pequena quantidade de sal para que nosso corpo desempenhe certas funções. O sal ajuda a manter o fluido nas células e é usado para transmitir informações dentro dos músculos e nervos. Mas muito sal pode ser perigoso – eleva a pressão arterial e, como consequência, o risco de acidente vascular cerebral e de doenças cardíacas. Muito sal é perigoso para crianças porque os seus rins ainda não estão suficientemente desenvolvidos para lidar com isso. Procure escolher produtos com menos de 0,3 g de sal por 100 g. No Brasil, a dose máxima de sal recomendada pelo Ministério da Saúde para adultos é de 5 g (= 2 g de sódio) por dia (veja a tabela abaixo).

IDADE	CONSUMO MÁXIMO DIÁRIO DE SAL
Adultos e adolescentes acima de 16 anos	5 g
Crianças entre 7 e 15 anos	4 g
Crianças entre 4 e 6 anos	3 g

Bate-papo sobre equipamentos

Se você quiser ganhar tempo e evitar trabalho desnecessário, tenha alguns conjuntos de instrumentos e aparelhos de cozinha que vão tornar sua vida muito mais fácil. Um processador de alimentos poupa muitas horas que seriam gastas picando e ralando, um liquidificador ajuda a bater todo tipo de coisas em segundos (veja Receitas para estocar, páginas 222-241). Descascadores de legumes, raladores de quatro faces e facas onduladas são fantásticos para criar texturas interessantes para as saladas, e um almofariz com pilão é maravilhoso para amassar e triturar ingredientes. Além disso, panelas para grelhar, assadeiras resistentes, um bom conjunto de panelas não aderentes e algumas facas de boa qualidade serão muito úteis. Mantenha seus utensílios em boas condições, sua cozinha superorganizada e estará bem preparado para surpreender com refeições saborosas que a família inteira vai amar.

- UMA NOTA DA EQUIPE DE NUTRIÇÃO DE JAMIE OLIVER -

Nosso trabalho é garantir que o Jamie possa ser supercriativo quando escreve suas receitas, ao mesmo tempo em que asseguramos que elas atinjam as orientações estabelecidas. Cada livro tem um propósito diferente e o objetivo do Jamie com *Comida saudável - Clássicos para a Família* é proporcionar muitas ideias de refeições saborosas e balanceadas para preparar todos os dias, pois são saudáveis e se encaixam na recomendação diária de calorias (veja página 244 - conforme a ingestão diária de 2.000 calorias, recomendada para uma mulher). Lembre-se de que esses números são apenas uma orientação, e que o que você come sempre deverá ser considerado em relação a fatores como idade, gênero, constituição e níveis de atividade física. Para que você possa escolher baseado em informações, nós incluímos o conteúdo nutricional de cada receita na própria página, de modo que você saiba facilmente o que está comendo. Lembre-se de que uma dieta boa e balanceada e exercícios regulares são a chave para um estilo de vida mais saudável. Para obter mais informações sobre nossas orientações por favor, visite (em inglês): **jamieoliver.com/nutrition.**

Laura Matthews – Nutricionista Chefe da RNutr (alimento)

Você quer mais?

Para obter informações nutricionais práticas, bem como vídeos, artigos, dicas, truques sobre todo tipo de assunto, uma quantidade enorme de receitas saborosas e geniais e ainda muito mais, visite (em inglês): **jamieoliver.com** e **youtube.com/jamieoliver.**

OBRIGADO

Você sabe quem é e quanto eu
aprecio tudo o que você faz

Em primeiro lugar, durante a elaboração deste livro, eu tive o privilégio de conhecer algumas pessoas maravilhosas que sabiam realmente tudo o que se refere à saúde, bem-estar e nutrição. Tenho imensa gratidão por: Kinvara Carey, gerente-geral no Natural Hydration Council, Dra. Helen Crawley, nutricionista de saúde pública, que administra a entidade de caridade First Steps Nutrition Trust; Dra. Emma Derbyshire, nutricionista de saúde pública, que fundou a Nutritional Insight Limited e é uma autora renomada em saúde; Marion M. Hetherington, professora de biopsicologia na Universidade de Leeds, estudiosa do apetite humano ao longo da vida; Dr. Jonathan D. Johnston, leitor técnico e diretor de pesquisa de pós-graduação em cronobiologia e fisiologia integrativa na Escola de Medicina e Biociências da Universidade de Surrey; Susan Lanham-New, professora de nutrição da Universidade de Surrey e consultora científica da National Osteoporosis Society do Reino Unido, ligada à instituição de caridade em osteoporose e saúde dos ossos mais importante do Reino Unido; Julie Lovegrove, professora de nutrição humana e nutricionista da Universidade de Reading, com pesquisas sobre as influências da saúde cardiovascular e o desenvolvimento da síndrome metabólica; Bryan McCluskey, diretor do grupo de operações no Highland Spring Group; Dra. Denise Robertson, palestrante sênior sobre fisiologia nutricional na Universidade de Surrey, que analisa como diferentes formas de carboidratos afetam nossos intestinos e a saúde em geral; Jamie Sawyer, meu fantástico *personal trainer*.

Eu tenho muita sorte de estar rodeado por tanta gente incrível, tanto na minha própria empresa quanto nas empresas com as quais trabalho. Todos vocês contribuem muito na elaboração dos meus livros e para a vida que terão após a publicação, tanto no Reino Unido quanto ao redor do mundo. Eu não posso agradecer a todos o suficiente pelo apoio que me dão. É impossível listar cada um aqui, então vou ser breve e dizer que todos vocês sabem quem são e o quanto eu lhes sou imensamente grato.

Quero fazer um agradecimento especial às pessoas que estão mais próximas de mim, especialmente àquelas que estiveram ao meu lado durante a criação física deste livro. Primeiramente, à minha notável equipe de alimentos, a divina Ginny Rolfe, meu irmão escocês Pete Begg, Bobby Sebire, Abigail Fawcett, Georgina Hayden, Christina Mackenzie, Phillipa Spence, Jodene Jordan, Maddie Rix, Elspeth Meston, Rachel Young, Jonny Lake, Francesa Paling, assim como Becca Sulocki. Também a Claire Postans, Joanne Lord, Athina Andrelos, Laura James, Ella Miller, Helen Martin e Daniel Nowland. Para minhas talentosas nutricionistas Rozzie Batchelar e Eretia O'Kennedy, que estão substituindo brilhantemente Laura Matthews. Grato como sempre às garotas do texto, minha ilustre editora Rebecca Verity e Berthan O'Connor, e à Laura Jones. E, é claro, um agradecimento imenso a todas as outras pessoas que também fizeram parte do empreendimento - são muito queridos - desde marketing e relações públicas até minhas equipes pessoais de jurídico, finanças e TI, e especialmente a todos os provadores entusiasmados do escritório.

Grande carinho, respeito e gratidão a Tom Weldon, Louise Moore e suas maravilhosas equipes da Penguin Random House - desde a arte e produção editorial até os direitos autorais, publicidade, comunicações, marcas e vendas. Eu aprecio muito tudo o que vocês fazem. Fica uma menção especial para John Hamilton, Juliette Butler, Nick Lowndes, Bek Sunley e, é claro, para Annie Lee.

Um enorme agradecimento para James Verity, meu designer e assistente de câmera e para o pessoal da agência de criação Superfantastic. Um obrigado ao amigão Paul Stuart e a Bradley Barners pelo retrato épico. E a Lima O'Donnel e Julia Bell.

Para Jay Hunt e a turma do *Channel 4*, bem como para a fabulosa equipe da Fresh One Productions e o time que entrou na briga com Zoe Collins, Kate Millard e Nicola Pointer, pelo apoio dado a este livro com um grande programa de TV que, eu tenho certeza, todos vão amar.

E, por fim, mas não menos importante, eu tenho de agradecer à minha família maravilhosa por seu amor, apoio e inspiração. Amo vocês demais!

ÍNDICE

Receitas assinaladas com V são adequadas para vegetarianos

A

B

C

D

E

F

G

H

I

J

N

O

P

Q

R

S

T

SAÚDE & FELICIDADE

Para obter uma lista de referência dos produtos não-lácteos e receitas sem glúten neste livro, visite:

jamieoliver.com/
super-food-family-classics/reference

Super Food Family Classics foi publicado pela primeira vez em 2016 na Grã-Bretanha, em língua inglesa, pela Penguin Random House.

Texto fixado conforme as regras do Novo Acordo Ortográfico da Língua Portuguesa (Decreto Legislativo nº 54, de 1995).

Título original: *Super Food Family Classics*
Editor responsável: Camila Werner
Editor assistente: Lucas de Sena Lima
Tradução: Dulcy Grisolia, Laura Tremolada, Leonardo Antunes
Tratamento de imagens: Altaimage Ltd.
Projeto gráfico: Superfantastic
Capa e paginação: Marcos Gomes
Revisão: Camile Mendrot [AbAeterno]

1ª edição, 2016
Impressão e acabamento: LEGO, Itália

CIP-BRASIL. CATALOGAÇÃO NA PUBLICAÇÃO
SINDICATO NACIONAL DOS EDITORES DE LIVROS, RJ

O44c

Oliver, Jamie
Comida saudável : clássicos para a família / Jamie Oliver ; tradução Dulcy Grisolia , Laura Tremolada , Leonardo Antunes.
- 1. ed. - São Paulo : Globo Estilo, 2016.
il.

Tradução de: Super food family classics
ISBN 978-85-250-6231-4

1. Culinária - Receitas. I. Grisolia, Dulcy. II. Tremolada, Laura. III. Antunes, Leonardo. IV. Título.

CDD: 641.5
16-33513 CDU: 641.5

Direitos de edição em língua portuguesa para o Brasil adquiridos por Editora Globo S. A.
Av. 9 de julho, 5229 - CEP 01407-907 - São Paulo - SP
www.globolivros.com.br

DJ★BBQ